Simone de Beauvoir

Aus Gesprächen mit Jean-Paul Sartre

Deutsch von
Uli Aumüller und
Eva Moldenhauer

rororo
Rowohlt

Veröffentlicht im
Rowohlt Taschenbuch Verlag GmbH,
Reinbek bei Hamburg, Juli 1996
Die Texte der vorliegenden Ausgabe wurden
dem Band «Die Zeremonie des Abschieds
und Gespräche mit Jean-Paul Sartre»
entnommen

Umschlaggestaltung Beate Becker
Gesetzt aus der Sabon (Linotronic 500)
Gesamtherstellung Clausen & Bosse, Leck
Printed in Germany
200-ISBN 3 499 22052 0

Für diejenigen,
die Sartre geliebt haben,
die ihn lieben und
lieben werden

S. de B.: Ich wollte Ihnen schon lange eine Frage stellen, nämlich: In *Die Wörter* haben Sie viel über das Lesen und dann über das Schreiben gesagt. Sie haben sehr gut erklärt, was Lesen für Sie bedeutete, die beiden Stufen des Lesens, die Lektüre, bei der Sie nichts verstanden und die Sie trotzdem faszinierte, und die Lektüre, bei der Sie verstanden. Sie haben auch kurz erwähnt, was es für Sie bedeutete, andere Bücher zu entdecken, als Sie älter waren. Aber ich finde, daß man wiederholen müßte, was Lesen für Sie bedeutet hat, sagen wir, ab Ihrem zehnten Lebensjahr. Wie war es in La Rochelle, wie war es, als Sie nach Paris kamen? Wie war es später? Wie war es während Ihrer Militärzeit? In den Jahren Ihrer Lehrtätigkeit? Und in den letzten Jahren?

J.-P. S.: Man müßte zwei Arten von Lektüre unterscheiden: eine, die nach einer gewissen Zeit kam, nämlich die Lektüre von Dokumenten oder von Büchern, die mir unmittelbar für meine literarischen oder philosophischen Werke nützen sollten; und dann eine unbefangene Lektüre, die Lektüre eines

Buchs, das neu erscheint oder auf das man mich hinweist, oder eines Buchs aus dem 18. Jahrhundert, das ich noch nicht kannte. Diese Lektüre ist insofern engagiert, als sie mit meiner ganzen Person, meinem ganzen Leben verbunden ist. Aber sie spielt keine präzise Rolle in dem Werk, das ich zur selben Zeit schreibe. Bei der uneigennützigen Lektüre, der Lektüre jedes gebildeten Menschen, gab es bei mir Perioden, die mich, wie Sie wissen, im Alter von etwa zehn Jahren zu den Abenteuerromanen geführt haben, zu Nick Carter, zu Buffalo Bill, die mir in gewisser Weise die Welt schenkten. Buffalo Bill und Nick Carter spielten in Amerika, und es war eine richtige Entdeckung Amerikas, Nick Carter in den Bildern zu sehen, die es in jedem dieser Hefte gab. Man sah ihn genauso, wie man die Amerikaner sieht, wie man sie im Kino sieht: groß, stark, ohne Bart und Schnurrbart, begleitet von Gehilfen oder von seinem Bruder, der ebenfalls groß und stark war. Und in dem Roman wurde auch das Leben von New York ein wenig beschrieben; also, dort habe ich New York kennengelernt.

S. de B.: Das haben Sie in *Die Wörter* erzählt. Aber ich möchte gern, daß Sie von der Periode sprechen, die Sie in *Die Wörter* nicht behandelt haben. Was bedeutete Lesen für Sie in La Rochelle?

J.-P. S.: In La Rochelle war ich Leser einer Leihbücherei, das heißt, ich übernahm die Rolle meiner Großmutter. Mit der Leihbücherei hatte mich, wie ich in *Die Wörter* sagte, meine Großmutter bekannt gemacht, die dort Romane auslieh. Ich habe angefangen, die Büchereien von La Rochelle zu besuchen. Ich ging auch in die Stadtbibliothek, die ebenfalls Bücher auslieh.

S. de B.: Aber was lasen Sie, und warum? Darauf kommt es an.

J.-P. S.: Es war eine Mischung von Büchern, die die Abenteuerromane fortsetzten und sie immer mehr veredelten, spezialisierten. Dort habe ich zum Beispiel die Bücher von Gustave Aymard gelesen.

S. de B.: Auch Fenimore Cooper?

J.-P. S.: Ein wenig Fenimore Cooper, aber das war mir etwas zu langweilig. Auch andere, deren Namen ich vergessen habe, aber die in Form von Büchern statt als Broschüren erschienen.

S. de B.: Gut, und was gab es neben diesen Abenteuerbüchern anderes?

J.-P. S.: Neben diesen Büchern nahm ich wieder ein wenig die Haltung ein, die ich zur Zeit meines Großvaters hatte, als ich in seiner Bibliothek edlere Bücher las, die mich aber auch weniger interessierten. Als ich die Abenteuerromane entdeckte, war ich klein, während die Romane meines Großvaters etwas später kamen.

S. de B.: Ja, aber in La Rochelle waren es nicht mehr die Bücher Ihres Großvaters. Worum handelte es sich hier?

J.-P. S.: In La Rochelle waren es zum Teil die Bücher meiner Mutter und meines Stiefvaters, die sie mir empfahlen; und dann habe ich mich besser umgesehen. Meine Mutter las wenig, aber von Zeit zu Zeit las sie ein Buch, eines von denen, die man damals las.

S. de B.: Und las Ihr Stiefvater?

J.-P. S.: Mein Stiefvater hatte durchaus gelesen. Er las nicht mehr. Aber er hatte gelesen.

S. de B.: Gab er Ihnen Ratschläge? Lenkte er Sie ein wenig?

J.-P. S.: Nein, nein.

S. de B.: Überhaupt nicht?

J.-P. S.: Überhaupt nicht. Auch meine Mutter nicht. Ich hätte es nicht zugelassen.

S. de B.: Aber Sie sagten doch, daß Sie die Bücher lasen, die sie lasen.

J.-P. S.: Ja, weil ich selbst darauf kam. Ich sah die Bücher in ihrem Zimmer oder im Salon, und ich beschaffte sie mir, vor allem nach dem Krieg, weil es Bücher waren, die den Krieg betrafen. Ich wollte mich informieren.

S. de B.: Gab es keine Verbote? Konnten Sie lesen, was sie wollten?

J.-P. S.: Verbote gab es überhaupt nicht. Deshalb griff ich auch nicht zu besonders verbotenen Büchern. Ich griff zu normalen Büchern. Einige dieser Bücher waren eine Verbindung zwischen der Kultur der Lehrer und der bürgerlichen Kultur. Manche von ihnen stellten sich als solche vor.

S. de B.: Wiesen die Lehrer Sie auf Bücher hin?

J.-P. S.: Das war damals nicht üblich. Sie wiesen einzig auf Lehrbücher hin. Natürlich gab es eine Bibliothek, aber darin fand man vor allem Jules Verne.

S. de B.: Und mit Ihren Mitschülern hatten Sie keinerlei geistigen Austausch?

J.-P. S.: Sie lasen wenig. Außer mir gab es kaum einen, der las. Sie trieben vor allem Sport.

S. de B.: Es war also sehr zufällig.

J.-P. S.: Es war nicht unbedingt vom Zufall diktiert, es gab ein gewisses Suchen. Zum Beispiel Claude Farrère: ich habe ihn gelesen, weil eines seiner Bücher in der Bibliothek meines Stiefvaters stand. Auf solche Schwarten stieß ich. Ich stieß darauf, weil sie sich in der Bücherei befanden: sie waren es, die man sah.

S. de B.: Gab es in dieser Zeit Bücher, die Sie besonders beeindruckt haben? Gab es Bücher, die Ihnen trotz dieser bürgerlichen Vorbehalte gefallen haben?

J.-P. S.: Oh, damals gefielen mir vor allem Kriminalromane oder Abenteuerromane. Ich las die Bücher von Claude Farrère, und sie interessierten mich sicher, und ich las andere derselben Kategorie, aber sie interessierten mich weniger.

S. de B.: Ja. Es gab nichts, das Sie fesselte.

J.-P. S.: Nichts.

S. de B.: Wie hat sich die Lektüre verändert, als Sie nach Paris kamen?

J.-P. S.: Es war eine radikale Veränderung, weil mein Mitschüler Nizan und die drei oder vier Klassenbesten lasen, Bercot und der Bruder des Malers Gruber; auch Guille las, als ich ihn im Henri IV in der Prima kennenlernte; sie lasen im wesentlichen Proust. Das ist die große Entdeckung gewesen. Es bedeutete den Übergang vom Abenteuerroman zum Kulturroman, zum kulturellen Buch.

S. de B.: Wen liebten Sie zu jener Zeit? Proust, Giraudoux?

J.-P. S.: Giraudoux, den Nizan mir zu lesen

gegeben hatte. Paul Morand, ebenfalls von Nizan empfohlen. In dieses literarische Leben hat mich Nizan eingeführt, der selbst keine Abenteuerromane, sondern sehr viel mehr moderne Bücher las.

S. de B.: Haben Sie auch Gide gelesen? Das heißt, Sie haben die moderne Literatur entdeckt.

J.-P. S.: Ich habe die moderne Literatur entdeckt. Ich muß wohl *Uns nährt die Erde* gelesen haben.

S. de B.: Ja.

J.-P. S.: Aber nicht mehr. Kurz, diese Zeit ist weit weg. Es gab eine Menge moderner Autoren, von denen Nizan mir sagte: «Hast du diesen gelesen? Hast du jenen gelesen?» Und ich las sie. Von da an hatte sich die Welt verändert, zwischen der Prima und der Philosophieklasse. Es handelte sich nicht so sehr um Philosophie, sondern um die Bücher der Surrealisten, um Proust, Morand etc.

S. de B.: Zum Teil lasen Sie, um mit Nizan mitzuhalten, um nicht von ihm überholt zu werden, um ebensoviel zu wissen wie er, um auf dem laufenden zu sein.

J.-P. S.: Ja. Vor allem für ihn, aber auch für die paar Mitschüler, die ebenfalls lasen.

S. de B.: Sie sagen, das habe «die Welt verändert». Könnten Sie das etwas verdeutlichen? Können Sie diese Veränderung der Welt ein bißchen beschreiben?

J.-P. S.: Was zum Beispiel die Abenteuer betrifft, so sah ich deutlich, daß einige Romane in Amerika spielten, in einer Welt, die ich nicht kannte. Aber ich interessierte mich nicht sonderlich für Geographie. Ich wußte nicht so recht, wie Amerika aussah. Während mir ab der Prima und der Philosophieklasse beispielsweise die Bücher von Morand die Welt eröffnet haben. Das heißt, die Dinge haben sich nicht einfach außerhalb der Welt abgespielt, in der ich lebte; sie spielten an diesem oder jenem Ort, in China, in New York, am Mittelmeer... lauter Dinge, die mich überraschten. Ich entdeckte eine Welt...

S. de B.: Auf der Ebene des Planeten, der Geographie?

J.-P. S.: Ja, das war von entscheidender Bedeutung. Obwohl ich in der Schule schlecht war in Geographie, fing ich an, die Geographie kennenzulernen.

S. de B.: Ich glaube, das war ein weitverbreitetes Phänomen. Damals entdeckten die Autoren die Exotik: Morand, Valéry-Larbaud und viele andere verließen Frankreich und beschrieben die Welt. Aber Sie haben auch andere Öffnungen zur Welt kennengelernt. Giraudoux oder Proust gehen überhaupt nicht in diese Richtung.

J.-P. S.: Giraudoux ist verkrampft. Ich mochte ihn nicht sonderlich.

S. de B.: Im übrigen haben Sie später mit ihm abgerechnet.

J.-P. S.: Und das kam in der Prima. Proust hat mir natürlich im wesentlichen die subjektive Psychologie der Person beigebracht. Aber auch die Idee des «Milieus». Proust hat mich gelehrt, daß es gesellschaftliche Milieus gibt, so wie es Tiergattungen gibt. Man ist jemand als Kleinbürger oder als Adliger oder als Großbürger oder als Lehrer etc. All das sieht und erkennt man in der Welt Prousts. Und darüber habe ich viel nachgedacht. In dem Augenblick, oder ein wenig später, habe ich gedacht, daß der Schriftsteller alles von der Welt kennen, das heißt mehreren Milieus angehören müsse. Und ich habe das bei Leuten wiedergefunden, die ich nicht sehr mag: bei den Brüdern Goncourt, die in allen Milieus verkehren und Typen skizzieren wollten, die sie in Romane einbrachten. Sie haben einen Roman über die Dienstmädchen geschrieben, weil sie ein Dienstmädchen hatten, das sie sehr liebten und das gestorben ist und das ein recht interessantes Sexualleben hatte.

S. de B.: Aber ist es nicht zum Teil auch eine Offenbarung ganz anderer Art gewesen? Ich meine, Sie kamen aus einem sehr provinziellen und bürgerlichen Milieu; hat es Ihnen da nicht Lebensmöglichkeiten eröffnet, Möglichkeiten des Gefühls, der Moral, der Psychologie? War es nicht auch das?

J.-P. S.: Doch, gewiß. Es eröffnete mir das zeitgenössische Leben, weil meine Eltern fünfzig Jahre im Rückstand waren, was die Kultur und das Leben betrifft. In Paris dagegen erlebten all diese Kinder tagtäglich das zeitgenössische kulturelle Leben. Besonders die Surrealisten. Das war für uns, wie ich übrigens schon sagte, ein unerwarteter Fund, eine Quelle des Einflusses. Dann habe ich *La Nouvelle Revue Française* entdeckt; die Zeitschrift und die Bücher. Das war eine wirkliche Entdeckung. In jener Zeit hatten die Bücher der *Nouvelle Revue Française* einen Geruch, einen ganz bestimmten Papiergeruch; die Bücher, die damals veröffentlicht wurden, haben diesen Geruch ein wenig beibehalten. Ich erinnere mich an ihn, es war der Geruch der Kultur, wenn Sie so wollen. Und die *NRF* repräsentierte wirklich etwas; sie war die Kultur.

S. de B.: Die moderne Kultur.

J.-P. S.: Die moderne Kultur. Dort habe ich

Conrad gelesen. Conrad, das war für mich die *NRF*, da alle seine Bücher in der *NRF* erschienen.

S. de B.: Warum liebten Sie Conrad so sehr? Sie erwähnen ihn zum zweitenmal.

J.-P. S.: Ich liebte ihn nicht sonderlich. Aber ich war im Lycée Henri IV, in der Philosophieklasse, als Schüler und im Internat. Ich hatte Verbindungen zu den Schülern, die sich auf die École Normale vorbereiteten, mit berühmten Professoren wie Alain. Sie sprachen mit uns, was eine große Ehre für uns war, denn es war eine sehr überragende Klasse; es waren ganz besondere Leute, die wir nicht sehr gut kannten und die wir kennenzulernen versuchten. Sie ließen uns manchmal ein paar Bücher aus ihrer Bibliothek lesen, besonders ein Buch von Conrad.

S. de B.: Hat es, durch diese Schüler oder in irgendeiner anderen Weise, einen bestimmten Einfluß von Alain auf Sie gegeben? Lasen Sie Alain, als Sie in der Philosophieklasse waren?

J.-P. S.: Nicht als ich in der *khâgne* war, aber später ja. An der École Normale.

S. de B.: Und die großen Klassiker, sagen wir Zola, Balzac, Stendhal usw., wann haben Sie die gelesen?

J.-P. S.: Zola und Balzac interessierten

mich nicht sehr. Zu Zola habe ich später Zugang bekommen, aber mit Balzac bin ich nicht warm geworden. Ich habe mir eine Bibliothek von Klassikern zugelegt, wie sich die Gelegenheit ergab. Stendhal war sofort dabei. Ich habe ihn in der Philosophieklasse zu lesen begonnen und dann bis zur École Normale gelesen. Er war einer meiner Lieblingsautoren. Deshalb war ich erstaunt, als ich hörte, daß das keine Lektüre für Siebzehn- oder Achtzehnjährige sei, weil es die Kinder verderbe, sie auf finstere Gedanken bringe, ihnen das Leben verleide – das sagte man in meiner Umgebung. Ich begreife es noch heute nicht...

S. de B.: Nein, weil es im Gegenteil eher heiter ist.

J.-P. S.: Sehr heiter, ja. Es gibt Liebesgeschichten, Heroik, Abenteuer. Ich verstehe die Ablehnung überhaupt nicht, die Stendhal hervorgerufen hat.

S. de B.: Schön. Und dann?

J.-P. S.: Einen Autor wie Stendhal las ich mit Gleichaltrigen gegen die Älteren, sogar die Lehrer.

S. de B.: Das Lesen war für Sie eine Art und Weise, sich die kulturelle Welt anzueignen, und gleichzeitig machte es Ihnen natürlich Spaß...

J.-P. S.: Ja, Spaß. Aber ich eignete mir auch die Welt an. Die Welt, das heißt im wesentlichen den Planeten. Und da ich ehrgeizig war (ich wollte in vielen Milieus leben, mit vielen Leuten, in vielen Ländern), gab es mir einen Vorgeschmack. Als ich mich auf die Agrégation vorbereitete, habe ich aufgehört zu lesen, obwohl ich beim erstenmal durchfiel.

S. de B.: Sie hatten sehr viel gearbeitet. Aber Sie haben mich in Erstaunen versetzt, als ich Sie kennenlernte, weil Sie Autoren gelesen hatten, die man im allgemeinen nicht liest. Sie hatten Baour-Lormian, Népomucène Lemercier gelesen. Sie waren unerhört gebildet.

J.-P. S.: Ja, sie waren mir in Geschichte und Literatur empfohlen worden. Man nannte ihre Namen im Unterricht des Lehrers für Geschichte oder Französisch. Und ich ging hin und las sie.

S. de B.: Und wie beschafften Sie sich die Bücher, als Sie in Paris waren?

J.-P. S.: Nizan lieh mir welche, und einige kaufte ich. Und von Zeit zu Zeit, wie ich schon sagte, liehen uns die *khâgne*-Schüler des Henri IV welche.

S. de B.: Und was bedeutete das Lesen für Sie, nachdem Sie die Agrégation hatten? Ich weiß, daß es während des Militärdienstes vor allem ein Zeitvertreib war.

J.-P. S.: Ja.

S. de B.: Weil Sie sich sehr langweilten.

J.-P. S.: Ja.

S. de B.: Aber das war nicht der einzige Grund?

J.-P. S.: Immer ging es um den Kontakt zur Welt. Ein Roman, ein Buch über Geschichte oder Geographie unterrichtete mich über die Welt. Irgend etwas geschah an diesem oder jenem Ort, oder es war vor einem Jahrhundert geschehen oder würde geschehen, wenn ich in dieses oder jenes Land ginge. Es waren Informationen über die Welt, und sie faszinierten mich.

S. de B.: Ich weiß, daß sie nach der Agrégation viele ausländische Bücher gelesen haben. Viele amerikanische Bücher: Dos Passos zum Beispiel.

J.-P. S.: Ja. die amerikanische Literatur hat mich fasziniert.

S. de B.: Auch die russische.

J.-P. S.: Die alten russischen Bücher: Dostojewski, Tolstoi etc., las ich schon seit langem. Man hatte sie mir im Lycée empfohlen. Im übrigen mochte ich Tolstoi nicht, darin habe ich mich verändert. Natürlich liebte ich Dostojewski.

S. de B.: Und als Sie Lehrer in Le Havre waren, lasen Sie da viel?

J.-P. S.: Ja, ich las...

S. de B.: Und als Sie ernsthaft zu schreiben begannen, blieb Ihnen da trotzdem noch Zeit fürs Lesen, und was bedeutete es da für Sie?

J.-P. S.: Ich las viel in der Eisenbahn. Le Havre – Paris, Le Havre – Rouen. Damals habe ich etwas Neues entdeckt – ich interessierte mich für den Kriminalroman.

S. de B.: Ach ja.

J.-P. S.: Vorher waren es Abenteuerromane. Im Zug gab es nichts zu tun. Man betrachtete die Leute, die vorübergingen, und man las. Was las man? Etwas nicht Kulturelles, würde ich sagen. Denn ich war mir nicht bewußt, daß die Kriminalromane mich bildeten.

S. de B.: Wir reisten oft mit dem Zug.

J.-P. S.: Sehr oft. Und da las ich Kriminalromane.

S. de B.: Und warum mochten Sie Kriminalromane?

J.-P. S.: Bestimmt hat mich die Bedeutung angezogen, die sie gehabt haben. Zu jener Zeit hat sich die Menge daraufgestürzt.

S. de B.: Ja, aber Sie hätten sie ablehnen können.

J.-P. S.: Das hätte ich gekonnt, aber es gab

immerhin diesen Rest von Abenteuer, der mir gefiel.

S. de B.: Aber interessierte Sie nicht auch die Konstruktion?

J.-P. S.: Ja, die Konstruktion interessierte mich. Es war eine Konstruktion, von der ich oft dachte, sie könnte auch für Romane nützlich sein, die andere Themen behandelten...

S. de B.: Seriösere Themen.

J.-P. S.: Seriösere, literarischere. Das heißt die Konstruktion des Rätsels, das am Ende seinen Schlüssel preisgibt; ich dachte, wenn man etwas Verborgenes tat – kein Verbrechen, sondern irgendein Ereignis in einem Leben, Beziehungen zwischen Männern oder zwischen Männern und Frauen –, dann könnte das ein Romanthema sein; dieses Ereignis würde sich nach und nach entschleiern, es wäre Gegenstand von Hypothesen. Ich meinte, daß darin eine Möglichkeit für den Roman läge. Später habe ich dieses Verfahren aufgegeben. Obwohl es im ersten Band von *Wege der Freiheit* Sachen gibt, die viel vom Kriminalroman haben, die Beziehung von Boris zu Lola zum Beispiel.

S. de B.: Sogar in *Der Ekel* gibt es eine Art von Spannung, weil der Held sich fragt: «Was ist das, was ist los?...»

J.-P. S.: Ja.

S. de B.: Ich denke, daß die Art Notwendigkeit, die es in einem gut gemachten, gut aufgezogenen Kriminalroman gibt, etwas war, was Ihnen gefiel.

J.-P. S.: Es war eine ganz besondere Notwendigkeit. Eine Notwendigkeit, die sich meist in Dialogen ausdrückte, denn wenn ein Detektiv im Kriminalroman etwas entdeckt, dann gibt es...

S. de B.: Verhöre.

J.-P. S.: Es ist vor allem der Dialog, in dem die Tat auftaucht oder wieder auftaucht und Verwirrungen oder Gemütsbewegungen bei den Leuten verursacht. Das hieß also, auch der Dialog konnte sehr...

S. de B.: Konnte einen Handlungswert haben, in gewisser Weise.

J.-P. S.: Ja, konnte die Leute informieren und sie zum Handeln bringen. Das Abenteuer steckte im Dialog, es war der Dialog als Abenteuer, der mir sehr wichtig erschien.

S. de B.: Und weiter? Außer Kriminalromanen? Als Sie in Laon waren, als Sie nach Paris zurückkehrten: also während ihrer Lehrtätigkeit vor dem Krieg?

J.-P. S.: Da las ich vor allem amerikanische Literatur. Besonders in jener Zeit habe ich sie kennengelernt. Faulkner? Ich erinnere mich noch, Sie haben ihn als erste gelesen, Sie haben mir die Novellen gezeigt und gesagt, man müsse sie lesen.

S. de B.: Ach!

J.-P. S.: Ich war in Ihrem Zimmer, eines Nachmittags, und Sie hatten dieses Buch. Ich fragte Sie, was das wäre, und Sie sagten es mir. Ich kannte bereits Dos Passos.

S. de B.: Kafka haben wir ziemlich spät gemeinsam entdeckt.

J.-P. S.: In der Bretagne, soweit ich mich erinnere.

S. de B.: Ja. In der *NRF* sprach jemand von den großen Autoren, Proust, Kafka und Joyce. Kannten wir eigentlich Joyce? Ich erinnere mich nicht mehr.

J.-P. S.: Ja, wir haben ihn ziemlich schnell kennengelernt. Zuerst durch Hörensagen, und dann lasen wir ihn. Das ganze Milieu, der ganze innere Monolog von Herrn Bloom interessierte mich sehr. Ich habe sogar einen Vortrag über Joyce in Le Havre gehalten: es gab einen Saal, in dem die Lehrer bezahlte Vorträge hielten. Das wurde von der Stadtverwaltung und der Bibliothek organisiert. Ich hielt vor den Bürgern von Le Havre Vorträge über die modernen Schriftsteller, die sie nicht kannten.

S. de B.: Über wen zum Beispiel?

J.-P. S.: Faulkner.

S. de B.: Sie haben einen Vortrag über Faulkner gehalten?

J.-P. S.: Nein, ich erwähnte ihn in einem Vortrag, und sie fragten mich, wer das sei.

S. de B.: Und über wen hielten Sie Vorträge? Mir scheint, einen über Gide, oder?

J.-P. S.: Ja, und einen über Joyce.

S. de B.: Diese Vorträge gingen Ihren ersten kritischen Aufsätzen voraus.

J.-P. S.: Ja. Sie waren weniger ausgearbeitet als meine Aufsätze, aber sie gingen in dieselbe Richtung.

S. de B.: Hatten Sie bereits die Idee, daß eine Technik eine Metaphysik ist?

J.-P. S.: Ja, diese Idee hatte ich sehr früh.

S. de B.: Schön. Sie lasen also teils zum Vergnügen, teils um sich auf dem laufenden zu halten, um zu wissen, was in der Welt vorging?

J.-P. S.: Ich las viel. Ich war sehr interessiert. Die Lektüre war meine hauptsächliche Zerstreuung, es war fast schon manisch.

S. de B.: Und hat Sie von all dieser Lektüre irgend etwas in Ihrer eigenen Arbeit beeinflußt?

J.-P. S.: O natürlich! Dos Passos hat mich enorm beeinflußt.

S. de B.: Ohne Dos Passos hätte es *Der Aufschub* nicht gegeben.

J.-P. S.: Auch Kafka hat mich beeinflußt. Ich könnte nicht angeben, inwiefern, aber er hat mich sehr beeinflußt.

S. de B.: Hatten Sie Kafka gelesen, als Sie *Der Ekel* schrieben?

J.-P. S.: Nein, als ich *Der Ekel* schrieb, kannte ich Kafka noch nicht.

S. de B.: Dann kam der Krieg, und ich glaube, daß Sie während des Krieges viel gelesen haben.

J.-P. S.: Ja, Sie haben mir eine Menge Bücher geschickt. Ich erhielt sie in der Schule, wo wir uns tagsüber aufhielten, ich und die anderen Meteorologen, und wo wir nichts anderes taten, als zum Schein die Messungen zu korrigieren oder zu studieren, die am Morgen oder in den Tagen zuvor gemacht worden waren; es nützte keinem was, da keiner sich für die Messungen interessierte.

S. de B.: Sie erinnern sich wahrscheinlich nicht, was Sie gelesen haben? Sicher die Bücher, die gerade erschienen?

J.-P. S.: Ja.

S. de B.: Lasen Sie nur Romane? Nein, natürlich lasen Sie Philosophie.

J.-P. S.: Oder Geschichte.

S. de B.: Schon sehr viel Geschichte?

J.-P. S.: Ja, aber Geschichte, wie man sie damals schrieb. Anekdotische und biographische Geschichte. Ich habe zum Beispiel verschiedene Werke über die Affäre Dreyfus gelesen. Ich las nicht wenig Geschichte; außerdem ging das mit der philosophischen Auffassung einher, daß man sich für die Geschichte interessieren müsse, daß sie ein Teil der Philosophie sei.

S. de B.: Sie lasen viele Biographien?

J.-P. S.: Ja.

S. de B.: In diesem Punkt hatten wir gemeinsame Neigungen; es gab viele Bücher, die wir gemeinsam lasen: im Grunde die Liste der Bücher, die ich als meine Lektüre in *In den besten Jahren* angebe.

J.-P. S.: Häufig benutzten wir beide denselben Band, und wir sprachen viel darüber.

S. de B.: Ja, sehr viel.

J.-P. S.: Bestimmte Romangestalten oder wahre Gestalten dienten uns als Bezugspunkt.

S. de B.: Ja; alles, was wir gemeinsam lasen, war sehr stark in unser Leben integriert.

J.-P. S.: Ja, es muß gesagt werden, weil es der Lektüre einen zusätzlichen Charakter verleiht, daß ein Buch uns beiden gehörte, zu jener Zeit.

S. de B.: Als Sie in Kriegsgefangenschaft waren, war es wohl schwierig, Bücher zu bekommen.

J.-P. S.: Ich habe ein paar bekommen. Bücher, die ein Gefangener in seinem Gepäck hatte. Ein oder zwei, die ich von den Deutschen erhielt. Praktisch sehr wenig. Aber ich bekam *Sein und Zeit*, um das ich gebeten hatte.

S. de B.: Aber das war keine Lektüre, das war Arbeit. Man müßte die Bücher unterscheiden, die für Sie Arbeitsbücher waren: Heidegger und Husserl, zum Beispiel.

J.-P. S.: Wissen Sie, es ist sehr schwierig, Arbeit und Lektüre voneinander zu trennen. Waren Husserl, Heidegger Arbeit oder eine etwas systematischere Lektüre als die anderen? Sehr schwer zu sagen.

S. de B.: Und ging die Lektüre aus Vergnügen nicht in eine Art umfassende Arbeit ein, die darin bestand, die Welt zu assimilieren?

J.-P. S.: Später ja, als ich sie brauchte, um meine Bücher zu schreiben. Aber als ich *Der Ekel* schrieb, brauchte ich sozusagen überhaupt kein Buch. Auch für die Novellen nicht.

S. de B.: Und als Sie wieder in Paris waren, während des Krieges und unmittelbar danach, was bedeutete Ihnen das Lesen da? Schon vor dem Krieg hatten Sie begonnen, einige Kritiken zu schreiben.

J.-P. S.: Ja.

S. de B.: Da gab es also eine Lektüre in einer etwas neuen Perspektive?

J.-P. S.: Ja.

S. de B.: Wen haben Sie vor dem Krieg rezensiert? Mauriac?

J.-P. S.: Vor allem Dos Passos.[1]

S. de B.: Und Brice Parain? Sie haben doch über Brice Parain geschrieben?

J.-P. S.: Ja, während des Krieges. Was lasen wir während der Besatzung?

S. de B.: Ich weiß, daß wir damals *Moby Dick* gelesen haben. Aber im Prinzip hatten wir keine amerikanischen Bücher mehr.

J.-P. S.: Keine amerikanischen, keine englischen, keine russischen Bücher mehr.

S. de B.: Und was lasen wir?

J.-P. S.: Wir lasen französische.

S. de B.: Es erschienen nicht viele.

J.-P. S.: Wir lasen die Dinge, die wir noch nicht gelesen hatten, oder wir lasen sie noch einmal.

S. de B.: Wir lasen keine Neuerscheinungen mehr, so war es.

J.-P. S.: Trotzdem lasen wir nicht wenig.

S. de B.: Ich persönlich las damals, glaube ich – ich weiß nicht, ob Sie es auch gelesen

1 *Der Mensch und die Dinge*, Reinbek 1978. (Anm. d. Übers.)

haben –, *Tausendundeine Nacht*, in der Ausgabe von Dr. Mardrus.

J.-P. S.: Ja. Wir lasen Zeitloses, wir lasen das 19. Jahrhundert, Zola; ich habe ihn in jener Zeit wiedergelesen.

S. de B.: Und nach dem Krieg?

J.-P. S.: Während des Krieges hat es für mich ein wichtiges Buch gegeben: die *Histoire de la Révolution* von Jaurès.

S. de B.: Nach dem Krieg hat es eine Flut amerikanischer und englischer Literatur gegeben. Wir entdeckten damals eine andere Form von Abenteuerromanen. Und eine Menge Bücher, die uns zeigten, was der Krieg auf der anderen Seite unseres Nachtvorhangs gewesen ist.

J.-P. S.: Für Sie war das interessanter als für mich.

S. de B.: Warum?

J.-P. S.: Weil ich ... ich weiß nicht. Ich las einiges, sicher, aber ich hatte nicht die Erfahrung, die mir als Ausgangspunkt für eine Lektüre dieser Art hätte dienen können.

S. de B.: Haben Sie ab 1945 nicht etwas weniger gelesen, weil Sie viel schrieben und weil Sie sich mehr oder weniger auf politische Auseinandersetzungen eingelassen haben?

J.-P. S.: Ja, aber ich hatte ja auch nichts anderes zu tun. Vorher war ich im Gymnasium gewesen. Zu der Zeit habe ich mir eine Bibliothek zusammengestellt; ich nahm Bücher in die Hand und las sie und las sie wieder.

S. de B.: Sie hatten sie in der Wohnung Ihrer Mutter untergebracht, wo Sie lebten. Es gab eine Zeit, in der Sie kein einziges Buch hatten. Als wir im Hôtel de la Louisiane waren, hat Sie jemand aufgesucht und ist sehr verblüfft gewesen; er hat gesagt: «Sie haben keine Bücher?» Und sie sagten: «Nein, ich lese, aber ich besitze keine Bücher.» Aber von dem Augenblick an, da Sie in der Rue Bonaparte wohnten, haben Sie sich eine Bibliothek eingerichtet.

J.-P. S.: Ja. Aus Liebe zu den Büchern, aus dem Wunsch heraus, sie zu berühren, sie anzuschauen. Und ich kaufte Bücher in der Rue Bonaparte, auch in der Rue Mazarine. Es gibt eine Unmenge Buchhandlungen in diesem Viertel. Ich kaufte Gesamtausgaben...

S. de B.: Sie hatten die Gesamtausgabe von Colette.

J.-P. S.: Ja.

S. de B.: Und auch sämtliche Werke von Proust...

J.-P. S.: Ja. Von dem Augenblick an, als ich zu meiner Mutter gezogen war, habe ich eingewilligt, einige Dinge zu besitzen, wie zum Beispiel eine Bibliothek. Daß ich vorher keine Bücher hatte, beruhte auf einem sehr festen Willen. Ich wollte nichts besitzen. Und das blieb so bis zu meinem vierzigsten Lebensjahr.

S. de B.: Man muß auch sagen, daß die materiellen Voraussetzungen sehr wenig geeignet waren, da wir die ganze Zeit im Hotel lebten...

J.-P. S.: Ja, aber ich hätte gekonnt, wenn ich gewollt hätte. Nein, ich wollte nichts besitzen. Ich besaß nichts: Weder in Le Havre noch in Laon... Und dann habe ich im Jahre 1945 mein Leben in einigen Punkten verändert.

S. de B.: Ja, Sie haben sich einen Sekretär zugelegt, Sie sind seßhafter geworden als vorher. Es lag ein wenig an den Umständen...

J.-P. S.: Es lag daran, daß mich meine Mutter nach dem Tod meines Stiefvaters gebeten hatte, bei ihr zu wohnen.

S. de B.: Ja, ich weiß. Gut. Haben Sie – um auf die Lektüre zurückzukommen – nach 1945 ebensoviel gelesen wie vorher? Und haben Sie dieselben Dinge gelesen? Vielleicht täusche ich mich, aber mir scheint, daß Ihre Lektüre weniger zweckfrei war, daß Sie weniger Romane lasen.

J.-P. S.: Weniger Romane. Es sind Romane erschienen, die gut waren und die ich nicht gelesen habe. Ich las vor allem Geschichtswerke.

S. de B.: Wann haben Sie begonnen, so viel über die Französische Revolution zu lesen und sogar Memoiren über die Französische Revolution zu kaufen? Um 1952, wie mir scheint.

J.-P. S.: Ja, um 1950, 1952.

S. de B.: Und geschah das bereits in Hinblick auf die *Kritik der dialektischen Vernunft*?

J.-P. S.: Ja und nein; damals hatte ich noch Lust, Philosophie zu machen, aber es blieb unbestimmt. Ein starkes Verlangen, aber unbestimmte Lektüren. Und dann Notizen in meinem Heft.

S. de B.: Aber Sie lasen sehr systematisch und manchmal ziemlich trockene Werke: Sie lasen Werke über Landwirtschaft, über die Agrarreform in England. Vor allem Bücher über die Geschichte Frankreichs: viel, sehr viel.

J.-P. S.: Im wesentlichen über die Geschichte der Revolution und das 19. Jahrhundert.

S. de B.: Viel Wirtschaftsgeschichte.

J.-P. S.: Viel Wirtschaftsgeschichte.

S. de B.: Es handelte sich hier um dokumentarische Lektüre, mit einem Ziel, das noch nicht sehr deutlich war, sich jedoch schon abzeichnete.

J.-P. S.: Die Ideen, die ich diesen Büchern entnahm, oder die Kenntnisse, die sie mir vermittelten, schrieb ich in meine Notiz- und Merkhefte.

S. de B.: Sie haben das Buch von Braudel über das Mittelmeer gelesen; und ein Buch, das Sie für sehr wichtig hielten, *Les Sans-Culottes* von Soboul. Und zur Entspannung lasen Sie weiterhin Kriminalromane, Spionageromane.

J.-P. S.: Besonders Spionageromane. Es gab eine Zeit, wo die Spionageromane auftauchten. Ich habe sie gelesen. Und dann die *Série Noire*.

S. de B.: Die *Série Noire* war gerade entstanden, und anfangs war sie sehr gut, die *Série Noire* von Duhamel. Danach ist sie sehr viel schlechter geworden.

J.-P. S.: Es hat sich ein wenig erschöpft.

S. de B.: Ich möchte Sie noch einmal fragen, was die Literatur im Laufe Ihres Lebens für Sie bedeutet hat. In *Die Wörter* haben Sie erklärt, was sie in Ihren ersten Lebensjahren bedeutete; aber was ist daraus geworden, was bedeutet sie Ihnen heute?

J.-P. S.: Literatur hieß für mich zunächst erzählen. Schöne Geschichten erzählen.

Warum waren sie schön? Weil sie gut aufgebaut waren, es gab einen Anfang und ein Ende, es gab Personen darin, die ich durch Wörter existieren ließ. In dieser einfachen Idee lag die Idee, daß Erzählen nicht dasselbe war wie einem Schulkameraden zu erzählen, was ich am Vortag getan hatte. Erzählen war etwas anderes. Es hieß, mit Wörtern schaffen. Das Wort war das Mittel, eine Geschichte zu erzählen, die mir sonst von den Wörtern unabhängig zu sein schien. Aber es war das Mittel, sie zu erzählen. Die Literatur war eine Erzählung, die aus Wörtern bestand. Sie war vollständig, wenn es den Anfang eines Abenteuers gab und man es bis zum Ende verfolgte. Das dauerte so lange, bis ich auf Grund meiner Studien im Gymnasium feststellte, daß es noch eine andere Literatur gab, da es eine Menge Bücher gab, die nicht erzählten.

S. de B.: Also schrieben Sie, zum Beispiel in La Rochelle, Dinge, die mehr oder weniger Erzählungen waren; es war etwas ganz anderes, ob man etwas schriftlich erzählt oder einem Schulkameraden Dinge erzählt. Sie sagen: es war etwas ganz anderes, weil es die Wörter gab. Aber wenn Sie einem Schulkameraden etwas erzählten, gab es auch die Wörter.

J.-P. S.: Ja, aber sie wurden nicht um ihrer selbst willen erlebt. Es geht darum, dem Schulkameraden mitzuteilen, was tags zuvor passiert ist; den Dingen, die da waren, gibt man die Namen, die sie bezeichnen, aber man gibt diesen Wörtern keinerlei Vorrecht. Sie sind da, weil es die Wörter sind, die bedeuten. Während in einer Erzählung das Wort in sich selbst etwas wert ist.

S. de B.: Nicht auch deshalb, weil man sich in diesem Augenblick ins Imaginäre begibt?

J.-P. S.: Ja, aber ich weiß nicht, ob ich im Alter von zehn Jahren einen deutlichen Unterschied machte zwischen dem, was wahr, und dem, was imaginär war.

S. de B.: Es mußte Ihnen aber doch klar sein, daß die Geschichten, die Sie schrieben, nicht passiert waren.

J.-P. S.: Oh! Ich wußte wohl, daß diese Geschichten erfunden waren, aber da sie andererseits einigen Erzählungen, die ich in Witzblättern gelesen hatte, ein bißchen ähnlich waren oder sogar vollkommen ähnlich waren, hatte ich den Eindruck, daß sie zumindest die Realität besaßen, zur Welt jener Erzählungen zu gehören, die außerhalb von mir existierten. Ich hatte nicht die Idee des reinen Imaginären, die mir danach ziemlich schnell gekommen ist. Es gab kein Problem des Imaginären, wenn Sie so wollen. Einverstanden, es existierte nicht, es war erfunden, aber es war nicht imaginär. Es war nicht imaginär, insofern es keine Geschichte war, die eine Konsistenz hat und die dennoch nicht ist.

S. de B.: Aber gab es nicht trotzdem so etwas wie ein Gefühl für das, was man die Schönheit und Notwendigkeit der Erzählung nennen könnte?

J.-P. S.: Man erzählte nicht etwas Beliebiges. Man erzählte etwas, was einen Anfang hatte und ein Ende, das eng mit dem Anfang zusammenhing. So daß man einen Gegenstand schuf, dessen Anfang Ursache des Endes war und dessen Ende auf den Anfang verwies.

S. de B.: Einen in sich geschlossenen Gegenstand?

J.-P. S.: Ja, die ganze Erzählung bestand aus Dingen, die einander entsprachen. Der Anfang schuf eine Situation, die sich am Ende mit den Bestandteilen des Anfangs auflöste. Also wiederholte das Ende den Anfang, und der Anfang erlaubte es bereits, sich das Ende vorzustellen. Das war sehr wichtig für mich. Anders gesagt, es gab die Erzählung, die eine Erfindung ins Spiel brachte, das war das eine; und das andere war, daß das, was ich erfand, die Geschichte war, die sich selbst genügte und deren Ende dem Anfang entsprach und umgekehrt.

S. de B.: Sie meinen, es war – ohne sie zu nennen – die Notwendigkeit.

J.-P. S.: Es war die Notwendigkeit, die man nur enthüllte, indem man erzählte. Das war der Kern, wenn Sie so wollen. Indem man erzählte, enthüllte man eine Notwendigkeit, und die Notwendigkeit war die Verknüpfung der Wörter, die gewählt waren, um sich miteinander zu verknüpfen... Und es gab auch, aber sehr vage, die Idee, daß es gute Wörter gibt, Wörter, die sich beim Verknüpfen schön ausnehmen und hinterher einen schönen Satz ergeben. Aber das war sehr vage. Ich spürte zwar, daß die Wörter schön sein konnten, aber ich kümmerte mich nicht viel darum. Ich kümmerte mich darum zu sagen, was es zu sagen gab. Das dauerte bis zu meinem zwölften Lebensjahr, als wir im Gymnasium anfingen, die Werke der großen Schriftsteller des 17. oder 18. Jahrhunderts zu lesen, als ich sah, daß nicht alles Romanerzählungen waren, daß es Erörterungen, Essays gab. Und dann stieß ich auf ein Werk, in dem die Zeit nicht mehr in derselben Weise erschien. Und doch schien mir die Zeit in der Literatur entscheidend zu sein. Die Zeit des Lesers wurde geschaffen. Das heißt, der Leser hatte zunächst eine eigene Zeit, und dann versetzte man ihn in eine Dauer, die für ihn geschaffen war und sich in ihm vollzog. Während er las, wurde er zu dem Gegenstand, den er schuf.

S. de B.: Sie hatten also damals eine Konzeption der Literatur, die immer noch auf die Zeit des Lesers setzte, aber es war nicht mehr unbedingt eine Erzählung. Was wurde daraus zu jener Zeit?

J.-P. S.: Es gab ein Vorher und ein Nachher. Der Leser begann den Essay mit Ideen, die nicht dieselben waren, die der Autor darlegte. Langsam nahm er Kenntnis von den Ideen des Autors – es brauchte Zeit, er begann nachmittags um zwei, fuhr fort bis sechs Uhr abends und fing am nächsten Tag wieder an. Folglich lernte er die Ideen des Autors durch die Zeit kennen. Im ersten Kapitel hatte man einen Entwurf, und dann nahm das Gestalt an, und am Ende hatte man eine zeitliche Idee. Sie war zeitlich, weil sie Zeit brauchte, Gestalt anzunehmen. So sah ich die Dinge.

S. de B.: Aber haben Sie denn Essays im eigentlichen Sinn des Wortes geschrieben, als Sie jung waren, in der *khâgne* oder in der Prima?

J.-P. S.: Jedenfalls nicht vor der *khâgne*.

Habe ich überhaupt welche geschrieben? Damals arbeitete jeder für sich, Nizan und ich, aber wir zeigten uns unsere Schriften, und die Romane waren gleichzeitig Essays. Das heißt, wir wollten Ideen darin unterbringen, und so wurde die Dauer der Zeit des Romans gleichzeitig zur Dauer der Zeit der Idee, die darin zum Ausdruck kam. Und die Novellen von Nizan in der *Revue sans titre* waren ein wenig Essays. Der erste Essay, den ich schrieb, war *Legende der Wahrheit*.

S. de B.: Und für was hielten Sie *Er l'Arménien*?

J.-P. S.: Eher für einen Essay. Für einen Essay, aber mit Personen, denen Dinge passierten, die einen Sinn haben. Sie entwickeln sie weiter, erklären sie in ihren Reden. Dann wird es zu einem Symbol.

S. de B.: Neulich sagten Sie aber, eines der Dinge, die Sie wollten, habe darin bestanden, Wahrheiten zu enthüllen. Den anderen die Wahrheit der Welt zu enthüllen.

J.-P. S.: Ja, das ist langsam gekommen. Nicht gleich am Anfang. Und doch war es da. Man brauchte ein Thema: für mich war es die Welt. Was ich zu sagen hatte, war die Welt. Wie übrigens alle Schriftsteller, meine ich. Ein Schriftsteller hat nur ein Thema: die Welt.

S. de B.: Ja, aber manche kommen zur Welt, indem sie über sich selbst gehen, sie sprechen von ihren intimen Erfahrungen.

J.-P. S.: Jeder hat seine eigene Art, die Dinge zu sehen. Ich selbst, ich weiß nicht warum, schrieb nicht über mich. Zumindest nicht über mich als subjektive Person, als jemand, der eine Subjektivität, Ideen hat. Es ist mir nie in den Sinn gekommen, über mich zu schreiben, eine Geschichte zu schreiben, die mir zugestoßen ist. Und trotzdem handelte es sich natürlich ganz um mich. Aber es war nicht das Ziel, mich in den Novellen darzustellen, die ich schrieb.

S. de B.: Das heißt, über Sie wurde die Welt erfaßt.

J.-P. S.: Es steht außer Zweifel, daß das Thema von *Der Ekel* in erster Linie die Welt ist.

S. de B.: Eine metaphysische Dimension der Welt, die sich enthüllen muß.

J.-P. S.: So ist es. Und das ist eine andere Idee als die der Literatur. Die Literatur enthüllt die Wahrheit über die Welt, aber anders als die Philosophie; in der Philosophie gibt es einen Anfang und ein Ende, folglich eine Dauer, aber sie lehnt die Dauer ab. Man muß das Buch zur Hand nehmen, man versteht es aber erst, wenn man es zu Ende gelesen hat, und daher gibt es keine Dauer. Man bezieht in das Buch nicht die Zeit mit ein, die man gebraucht hat, es zu verstehen und zu entschlüsseln. Und der Gedanke, zu dem man gelangt, ist ein idealer Gedanken, man behält ihn im Kopf wie ein genau strukturiertes Gebilde. Man kann von der Dauer sprechen, man kann ein Kapitel, zwei Kapitel über die Dauer schreiben, aber in diesem Augenblick ist sie ein Begriff, keine Dimension des Gegenstandes. Ich habe meine Ansicht geändert, denn jetzt bin ich im Gegenteil der Meinung, daß die philosophischen Werke, die ich geschrieben habe, den Begriff der Zeitlichkeit enthalten, nicht nur als Notwendigkeit, die jeder empfinden kann, das Werk am Anfang oder am Ende zu beginnen, was ein Aufwand von Zeit ist, sondern insofern die Zeit, die gebraucht wurde, um sie darzulegen und zu erörtern, Teil der Philosophie ist. Sie bestimmt sie.

S. de B.: Das haben Sie mir nicht gesagt, aber vielleicht kommen wir später darauf zurück, da wir im Augenblick bei der Literatur sind. Hatten Sie zum Zeitpunkt von *Der Ekel* eine Idee von der Notwendigkeit?

J.-P. S.: Ja.

S. de B.: War die Idee der Schönheit mit der Idee verbunden, ein Buch zu schreiben?

J.-P. S.: Ach wo! Ich dachte, das käme dazu, wenn man auf seine Sätze achtete, auf seinen Stil, auf die Art, wie man die Geschichte erzählte. Doch das waren formale Eigenschaften, um die ich mich wenig kümmerte. Für mich ging es darum, im Kern der Erzählung die Welt zu finden.

S. de B.: Vorhin sagten Sie aber, daß Sie schon, als Sie sehr jung waren, den Wörtern große Bedeutung beimaßen.

J.-P. S.: Ja. Das war so etwas wie ein Bestandteil der Schönheit, aber auch der Richtigkeit, der Wahrheit. Ein Satz mit gut gewählten Wörtern war ein richtiger, ein wahrer Satz.

S. de B.: Aber am Ende von *Der Ekel*, wenn der Held *Some of these days* hört, sagt er, er wolle etwas Ähnliches schaffen. Er wird also von etwas berührt, das man seine Schönheit nennen könnte.

J.-P. S.: Ja, aber *Some of these days* bewegt Roquentin nur deshalb, weil es ein Gegenstand ist, der von einem Menschen geschaffen worden ist, einem sehr fernen Menschen, der ihn durch seine Verse hindurch berührt. Nicht, weil es humanistisch ist; was ihn bewegt, was er liebt, ist eine Schöpfung des Menschen.

S. de B.: Anders gesagt, es war eher eine

Frage der Kommunikation als der Schönheit?

J.-P. S.: Die Gegenstände, die überleben, wenn sie einmal geschaffen sind, befanden sich in den Bibliotheken, als materielle Realitäten; aber sie befanden sich auch in einer Art intelligiblem Himmel, der kein imaginärer Himmel war. Es war eine Realität, die blieb. Und ich erinnere mich, daß *Der Ekel* meinen eigenen Ideen ein wenig hinterherhinkte. Das heißt, ich war schon nicht mehr darauf aus, Gegenstände außerhalb der Welt zu schaffen, seien es wahre oder schöne, wie ich es noch glaubte, bevor ich Sie kennenlernte, ich hatte das bereits hinter mir. Ich wußte nicht genau, was ich wollte, aber ich wußte, daß man keinen schönen Gegenstand, keinen literarischen Gegenstand, keinen Buchgegenstand schuf, es war etwas anderes. In dieser Hinsicht bezeichnete Roquentin eher das Ende einer Periode als den Anfang einer neuen.

S. de B.: Ich verstehe nicht ganz. Flaubert dachte, ein Buch sei ein Gegenstand, der ganz auf eigenen Füßen steht, der sozusagen keinen Leser braucht, der Leser wäre völlig überflüssig. Dachten Sie das vor *Der Ekel*?

J.-P. S.: Ein wenig, obwohl ich nicht dachte, daß man keinen Leser brauchte.

S. de B.: Und wie sahen Sie das Buch, als *Der Ekel* fertig war und auch, als Sie noch daran schrieben?

J.-P. S.: Ich sah es als ein metaphysisches Wesen; ich hatte einen metaphysischen Gegenstand geschaffen; es war gleichsam eine Platonsche Idee, wenn Sie so wollen. Eine Idee jedoch, die sich partikularisiert hätte und die der Leser beim Lesen finden würde. Das glaubte ich, als ich *Der Ekel* begonnen hatte, und schon am Ende glaubte ich es nicht mehr.

S. de B.: Was glaubten Sie zu jener Zeit?

J.-P. S.: Ich wußte es nicht genau.

S. de B.: Und als Sie die Novellen schrieben? Was meinten Sie zu tun, wenn Sie eine Novelle schrieben?

J.-P. S.: Die Novellen hatten eine unmittelbarere Notwendigkeit, denn eine Novelle hat nur dreißig, fünfzig Seiten; ich konzipierte sie nicht nur, sondern beim Lesen der Novelle sah ich gleichsam die Notwendigkeit. Bei den Novellen hatte ich eine klarere Sicht des literarischen Gegenstandes als beim Schreiben von *Der Ekel*, der sehr lang ist.

S. de B.: Ja; aber was bedeutete es für Sie genau, diese Novellen zu schreiben? Bei *Der Ekel* sieht man es sehr deutlich: es gab eine Entschleierung der Welt, hauptsächlich mit jener Dimension der Kontingenz, an der Ihnen sehr viel lag. Aber bei den Novellen?

J.-P. S.: Bei den Novellen ist es merkwürdig. Ihre Bedeutung hat sich verändert. Ich wollte eine Novelle schreiben, um bestimmte spontane Eindrücke mit Wörtern wiederzugeben. *Le Soleil de minuit*, die ich verloren habe, war so. Ich wollte einen Novellenband schreiben...

S. de B.: Mit Atmosphäre gewissermaßen.

J.-P. S.: ...mit Atmosphäre. Zum Beispiel: Neapel; ich wollte, daß die Novelle dazu dient, Neapel zu sehen.

S. de B.: Und dann? Hat es sich verändert?

J.-P. S.: Ja. Es hat sich verändert, ich weiß nicht recht, warum. *Herostrat* war ein Traum von Bost.

S. de B.: Ja, aber warum haben Sie diesen Traum gewählt?

J.-P. S.: Mein Plan hat sich ausgeweitet; es konnte die Vision einer Stunde sein, die für mich ziemlich schwerwiegend war; es konnte auch etwas Wichtigeres sein wie der Spanienkrieg. Es gab eine Novelle über den Wahnsinn. Es ging also um ziemlich ernste Situationen, die sich völlig von dem unterschieden, was ich anfangs wollte. Anfangs hätte ich eher eine Novelle über einen Abend auf den Pariser Boulevards geschrieben, über einen Garten, eine Novelle über Neapel oder eine Fahrt übers Meer.

S. de B.: Genau die Novellen, die Sie verworfen haben, die atmosphärischen Novellen. Eine davon ist verlorengegangen, und Sie haben nicht versucht, sie neu zu schreiben. Die Schiffsreise mit dem Frauenorchester haben Sie verworfen, um sie vielleicht später wieder aufzunehmen. Aber das, was Sie neulich das «Wesen» der Literatur nannten, was war das in alldem? Es war noch immer Erzählen.

J.-P. S.: Gewiß, Erzählen. Sogar ein Essay erzählt.

S. de B.: Trotzdem ist es nicht dasselbe, einen Essay über Giacometti zu schreiben oder *Die Wand* zu erzählen.

J.-P. S.: Es ist nicht dasselbe. Trotzdem braucht es eine gewisse Zeit, um in Giacomettis Bilder einzudringen. Und es gibt die Zeit der Lektüre: es ist nicht ganz die Zeit des Schreibens, aber beide treffen zusammen. Und wenn der Leser den Essay liest, wird er als Leser kreativ, er wird den Gegenstand so in Erscheinung treten lassen, wie er ihm vom Autor gezeigt worden ist.

S. de B.: Kommen wir also zu den Essays. Sie haben schon vor dem Krieg angefangen, Kritiken zu schreiben, nicht wahr?

J.-P. S.: Ja.

S. de B.: Und Sie haben es während des Krieges fortgesetzt...

J.-P. S.: Während des Krieges habe ich es in einer Marseiller Zeitschrift fortgesetzt.

S. de B.: Genau.

J.-P. S.: Sie hieß *Confluences*.

S. de B.: Und Sie haben es auch nach dem Krieg fortgesetzt. Unter Ihren Essays gibt es ganz verschiedene Dinge: literarische Kritik, Kunstkritik, und dann politische Kommentare. Und manchmal Lebensläufe, Porträts von Merleau-Ponty und Nizan. Wie sahen Sie die Kritik? Und warum hat es Sie interessiert? Ich erinnere mich, daß es mir zu Anfang, weil ich mir vorstellte, Sie seien dazu geschaffen, Romane zu schreiben, als Zeitverschwendung vorkam. Ich täuschte mich gewaltig, denn es ist eines der interessantesten Teile Ihres Werks. Was hat Sie dazu gebracht, Kritiken zu schreiben?

J.-P. S.: Wiederum die Welt. Die Kritik war eine Entdeckung, eine Art und Weise, die Welt zu sehen; zu entdecken, wie der, dessen Werk man liest und den man rezensiert, die Welt sieht. Wie Faulkner die Welt sah, zum Beispiel. Die Art, wie die Ereignisse in seinen Büchern erzählt wurden, wie die Personen vorgestellt wurden. Es war eine Art zu zeigen, wie er auf die Leute seiner Umgebung reagierte, auf die Landschaften, auf das Leben, das er führte, etc. All das sah man in dem Buch, aber nicht auf Anhieb. Man sah es an einer Menge Formulierungen, die es zu untersuchen galt.

S. de B.: Etwas interessierte Sie besonders an den Romanen, von denen Sie sprachen: die Technik.

J.-P. S.: Ich glaube, daß ich durch Nizan auf die Technik gekommen bin. Er beschäftigte sich sehr damit. Für seine eigenen Romane wie für die der anderen.

S. de B.: Aber die Techniken von Dos Passos hatten Sie ganz unmittelbar interessiert.

J.-P. S.: Ja, sicher. Aber die Idee, die Technik eines Buches zu untersuchen, zu prüfen, ob sie etwas taugte, das kam von Nizan.

S. de B.: Ich weiß, daß Nizan, als er uns von Dos Passos erzählte, uns als erstes und vor allem auf seine Technik aufmerksam machte.

J.-P. S.: Genau.

S. de B.: Aber es gab eine Idee, die von Ihnen allein stammte und die sehr wichtig war, daß nämlich die Technik gleichzeitig eine Metaphysik enthüllt.

J.-P. S.: Das habe ich Ihnen vorhin schon gesagt. Im Grunde suchte meine Kritik nach der Metaphysik, die sich hinter der Technik in einem Werk befand. Und wenn ich diese Metaphysik gefunden hatte, dann freute ich mich. Ich besaß wirklich die Totalität des Werkes.

S. de B.: Ja.

J.-P. S.: Genau das war für mich die kritische Idee. Das heißt zu sehen, wie die Menschen, die schreiben, die Welt sehen. Sie beschreiben die Welt, aber sie sehen sie auf verschiedene Weise. Manche mit Weitblick, manche aus dem Augenwinkel, manche mit Scheuklappen.

S. de B.: Und manche in einer Dimension der Freiheit, andere in einer Dimension der Notwendigkeit, der Unterdrückung... Ja.

J.-P. S.: Das alles gilt es zu erfassen...

S. de B.: Aber Sie hatten auch die Idee, daß ein Essay ein Gegenstand ist, ein notwendiger Gegenstand, der seine eigene literarische Qualität haben muß. Anfangs fanden Sie es ziemlich schwierig, einen Essay zu schreiben, der nicht wie ein Aufsatz wäre, sondern seine – sagen wir – Eleganz, wenn nicht gar seine Schönheit hätte.

J.-P. S.: Das Risiko der Eleganz liegt darin, daß sie den Gegenstand von seiner Wahrheit trennen kann. Ist er zu elegant, dann sagt er nicht mehr, was er sagen wollte. Wenn eine

Kritik über Dos Passos zu viele elegante Dinge enthält, wenn man der Schönheit Opfer bringt, dann sagt sie nicht mehr genau, was man mit ihr sagen wollte…

S. de B.: Mit anderen Worten, das Problem besteht darin, das Gleichgewicht zu finden zwischen dem Gegenstand, den es zu erfassen gilt, und der persönlichen Art, darüber zu sprechen.

J.-P. S.: So ist es. Man mußte sagen, was man zu sagen hatte, aber auf eine Weise, die notwendig war, gut gemacht…

S. de B.: Und worin mußte Ihrer Meinung nach die Eleganz eines Essays bestehen?

J.-P. S.: Oh, sehr cartesianische Vorstellungen: Leichtigkeit, Klarheit, Notwendigkeit.

S. de B.: Ja.

J.-P. S.: Die Qualität des Essays kam von selbst, weil ich die Metaphysik einbezog. Auf einer bestimmten Ebene gab es also immer eine Kritik, das heißt eine Untersuchung der Wörter des betreffenden Autors: warum wählt er dieses Adjektiv, jenes Verb, was sind seine Tricks etc., und dahinter ging es um die Metaphysik. Die Kritik hat für mich einen doppelten Sinn: sie muß die Methoden, die Regeln, die Techniken des Autors darlegen, insofern diese Techniken mir eine Metaphysik enthüllen.

S. de B.: Ja, aber gleichzeitig ging es darum, das Ganze auf eine, sagen wir, künstlerische Weise zu sagen. Es gibt die Idee der Kunst, denn Ihre Kritik an Mauriac lautet: «Gott ist kein Künstler, Mauriac ebenfalls nicht.» Also meinten Sie doch, daß es eine literarische Kunst gab, eine Kunst des Schreibens. Erst neulich erwähnten Sie das Wesen der Kunst des Schreibens.

J.-P. S.: Ja.

S. de B.: Sie meinten also, daß es eine spezifische Kunst gab, einen Essay zu schreiben?

J.-P. S.: Ja... Und die ich nicht ohne weiteres fand. Anfangs hatte ich Mühe damit. Obwohl ich mich schließlich darauf beschränkte, nur noch Essays zu schreiben.

S. de B.: Wie das?

J.-P. S.: Nachdem der Roman abgeschlossen war, kamen die Theaterstücke, aber was schrieb ich neben den Theaterstücken, die nicht in dieselbe literarische Gattung fallen? Artikel, Bücher...

S. de B.: O ja, philosophische Bücher. Also, die philosophischen Bücher sind für mich keine Essays, eben weil Sie sich in Ihren philosophischen Büchern nicht um literarische Kunst bemüht haben.

J.-P. S.: Nein.

S. de B.: Es gibt sehr literarische Passagen

in *Das Sein und das Nichts* vor allem, aber die *Kritik der dialektischen Vernunft* ist wirklich sehr streng, sowohl im Stil wie im Ton.

J.-P. S.: In einem Roman weiß man noch nicht so recht, was man mit den Personen anstellen wird, was sie sagen werden. Man kann den Dialog verbiegen und ihm den Hals brechen, indem man ihn umschreibt, wenn man die Eingebung hat, daß es so besser wäre. Wie ich es zum Beispiel mit Götz gemacht habe.

S. de B.: Ja, als Sie die Szene umgestülpt haben. Während Sie beim Essay immer von dem geleitet werden, was Sie zu sagen haben.

J.-P. S.: Was ich zu sagen habe. Natürlich kann man hin und wieder gefällig schreiben, aber nicht zu sehr, denn wenn man zu weitschweifig wird, ist es kein guter Essay mehr.

S. de B.: Welche Essays haben Sie mit leichter Feder geschrieben, und an welchen haben Sie mehr gearbeitet?

J.-P. S.: Ich habe meine Essays nie mit leichter Feder geschrieben. Ich habe immer literarisch gearbeitet.

S. de B.: Auch am Essay über Lumumba?[1]

J.-P. S.: Gerade an Lumumba dachte ich;

1 *Das politische Denken Patrice Lumumbas.* In:

ich dachte mir schon, daß Sie diesen Einwand machen würden; aber nein, auch am Lumumba habe ich versucht zu arbeiten. Zum Beispiel spreche ich über die Bücher, die er gelesen hat. Ich hätte es auch sein lassen können, oder anders darüber reden. Es ist also viel Erfindung dabei. Ich meine, am Anfang eines Artikels hat man einen bestimmten Plan, und wenn man die Bücher auswählt, die er gelesen hat und was er darüber sagt, so deshalb, weil es wichtig ist. Aber man selber definiert sie als wichtig.

S. de B.: Trotzdem scheint mir, daß Ihnen bei Ihren politischen Essays die Kunst weniger am Herzen lag.

J.-P. S.: Vielleicht etwas weniger.

S. de B.: Wie beispielsweise bei *Die Kommunisten und der Frieden*.

J.-P. S.: Oh! Immerhin legte ich großen Wert darauf, daß das gut geschrieben ist.

S. de B.: Ja, gewiß. Gut geschrieben, nicht allzu ausufernd; aber es eignete sich doch weniger für bestimmte stilistische Feinheiten.

J.-P. S.: Kurz, um das Gesagte zusammenzufassen: für mich ist das literarische Werk ein Gegenstand. Ein Gegenstand, der eine ei-

Kolonialismus und Neokolonialismus, Reinbek 1968. (Anm. d. Übers.)

gene Dauer hat, einen Anfang und ein Ende. Diese ihm eigene Dauer manifestiert sich in dem Buch dadurch, daß alles, was man liest, immer auf das verweist, was vorher war und was folgen wird. Genau das ist die Notwendigkeit des Werkes. Es geht darum, Wörtern Form zu geben, die eine bestimmte Eigenspannung haben und durch diese Spannung die Spannung des Buchs schaffen werden, das eine Dauer ist, auf die man sich einläßt. Wenn man ein Buch beginnt, tritt man in diese Dauer ein, das heißt, man läßt seine eigene Dauer sich so bestimmen, daß sie nun einen bestimmten Anfang hat, der der Anfang des Buches ist, und sie wird ein Ende haben. Es gibt also ein bestimmtes Verhältnis des Lesers zu einer Dauer, die die seine ist und gleichzeitig nicht die seine ist, nämlich von dem Augenblick an, wo er das Buch beginnt und bis zu Ende liest. Und das setzt ein komplexes Verhältnis des Autors zum Leser voraus, denn er darf nicht nur erzählen, er muß seine Erzählung auch so schreiben, daß der Leser die Dauer des Romans wirklich erfaßt und selbst die Ursachen und Wirkungen nachvollzieht nach dem, was dasteht.

S. de B.: Ich glaube, Sie könnten noch mehr darüber sagen, denn das ist im Grunde

Ihre Auffassung von Literatur, es ist die Auffassung Ihres Verhältnisses zu Ihrem Leser.

J.-P. S.: Der Leser ist jemand, der mir gegenübersteht und auf dessen Dauer ich einwirke. Das wäre meine Definition. Und in dieser Dauer lasse ich Gefühle auftauchen, die mit meinem Buch in Beziehung stehen, die einander korrigieren, miteinander streiten, miteinander in Verbindung treten und aus dem fertigen Werk gestärkt oder geschwächt hervorgehen.

S. de B.: Sie sprachen neulich von einem Versuch, den Leser zu verführen.

J.-P. S.: Ja, genau, ein Versuch der Verführung. Aber keine unzulässige Verführung, nicht so, wie wenn man jemanden mit Argumenten verführt, die unwahr oder trügerisch sind, nein, Verführung durch die Wahrheit. Um verführen zu können, muß der Roman ein Warten sein, das heißt eine Dauer, die sich entfaltet.

S. de B.: In gewisser Weise besteht immer eine Spannung.

J.-P. S.: Immer. Sie löst sich am Ende auf.

S. de B.: Man fragt sich immer, was passieren wird. Und sogar in einem Essay fragt sich der Leser ständig: was wird er jetzt sagen, was will er beweisen?

J.-P. S.: Und was will er jetzt sagen, und

was erwidert er auf seine Einwände? Also kommt auch die Zeit hinzu, und über diese Zeit, diese Konstruktion des Gegenstands las ich die Welt, das heißt das metaphysische Sein. Das literarische Werk ist jemand, der die Welt so rekonstruiert, wie er sie sieht, über eine Erzählung, die nicht unmittelbar auf die Welt zielt, aber Werke oder erfundene Personen betrifft. Ungefähr das habe ich machen wollen.

S. de B.: Man müßte noch mal erklären – obwohl Sie es sehr gut erklärt haben, aber es ist ja so falsch verstanden worden –, wie Sie zur engagierten Literatur gekommen sind.

J.-P. S.: Darüber habe ich ein ganzes Buch geschrieben.

S. de B.: Ja, gewiß. Aber welche Beziehung oder welcher Unterschied besteht zwischen den Werken, die Sie geschrieben haben, bevor Sie die Theorie der engagierten Werke hatten, und denen, die Sie danach geschrieben haben? Ich meine, findet man letztlich sowohl in der engagierten wie in der nicht engagierten Literatur dieselben Dinge wieder?

J.-P. S.: Es ist dasselbe. Es handelt sich nicht um eine Modifikation der Technik, vielmehr um eine Modifikation der Idee dessen, was man in einem engagierten Buch mit Wörtern schaffen will. Aber das bewirkt keine Veränderung, da das engagierte Werk mit einem bestimmten politischen oder metaphysischen Anliegen verbunden ist, das man ausdrücken will und das im Werk präsent ist. Auch wenn es sich nicht als «engagiert» versteht.

S. de B.: Es geht eher um die Wahl der Themen.

J.-P. S.: So ist es. 1929 hätte ich nicht über Lumumba geschrieben, wenn es Lumumba gegeben hätte.

S. de B.: Aber wenn Sie das Gefühl der Kontingenz vermitteln wollen, wie Sie es in *Der Ekel* taten, oder wenn Sie das Gefühl der Ungerechtigkeit, der Grausamkeit vermitteln wollen, die an Lumumba verübt wurde, dann handelt es sich im Grunde um dieselben Techniken, um dieselbe Beziehung zum Leser.

J.-P. S.: Genau. Man hat einfach den Willen, ihn für eine Sache zu gewinnen, die ihm bestimmte Aspekte der Welt enthüllen wird.

S. de B.: Im übrigen haben Sie oft gesagt, daß die Gesamtheit eines Werks engagiert sein müsse. Und daß jedes einzelne Buch...

J.-P. S.: Daß nicht jedes Buch es sein kann.

S. de B.: Zum Beispiel haben Sie *Die Wörter* geschrieben.

J.-P. S.: Ja, das Engagement ist das Werk in seiner Gesamtheit.

S. de B.: Wir haben noch kaum über *Die Wörter* gesprochen, wir könnten es nachholen. Es ist ein Buch, an dem Sie zehn Jahre gearbeitet haben. Wie kam es zur ersten Idee von *Die Wörter*, und warum ist es dann liegengeblieben?

J.-P. S.: Ich habe immer die Idee gehabt, schon mit achtzehn, zwanzig Jahren, über mein Leben zu schreiben, wenn ich es hinter mir hätte, das heißt mit fünfzig.

S. de B.: Sie wollten schon immer über sich schreiben.

J.-P. S.: Ja.

S. de B.: Und dann, um das Jahr 1952?

J.-P. S.: Nun ja, da sagte ich mir: jetzt ist es soweit, ich werde schreiben.

S. de B.: Warum haben Sie das ausgerechnet 1952 gedacht?

J.-P. S.: 1952 hat eine große Veränderung stattgefunden...

S. de B.: Ja, ich weiß. Aber es war doch eine Veränderung, die Sie politisiert hat. Woher kommt es dann, daß Sie das veranlaßt hat, etwas über Ihre Kindheit zu schreiben?

J.-P. S.: Weil ich mein Leben aus politischer Sicht schreiben wollte, das heißt meine Kindheit, meine Jugend und mein reifes Alter, indem ich ihm einen politischen Sinn gab, nämlich wie ich zum Kommunismus kam.

Und als ich *Die Wörter* geschrieben habe, die erste Fassung davon, da habe ich ganz und gar nicht die Kindheit beschrieben, die ich beschreiben wollte, ich habe ein Buch angefangen, das fortgesetzt werden sollte; danach hätte man erfahren, daß mein Stiefvater meine Mutter heiratete, etc. In dem Augenblick habe ich aufgehört, weil ich anderes zu tun hatte.

S. de B.: Sagen Sie doch etwas zu dieser ersten Fassung, niemand kennt sie.

J.-P. S.: An Hand dieser Fassung habe ich die zweite erarbeitet. Sie war boshafter als die zweite, was mich und mein Milieu betrifft. Ich wollte zeigen, daß ich ständig begierig war, mich zu verändern, daß ich mich in meiner Haut nicht wohl fühlte, daß ich schlecht mit den anderen stand und mich dann veränderte und schließlich zu dem Kommunisten wurde, der ich zu Anfang sein mußte. Aber natürlich stimmte das nicht.

S. de B.: Sie nannten das Buch *Jean-sans-terre*, nicht wahr? Was hatte dieser Titel zu bedeuten?

J.-P. S.: *Jean-sans-terre*, das hieß: ohne Erbe, ohne Besitz. Es meinte das, was ich war.

S. de B.: Und bis zu welchem Augenblick Ihres Lebens haben Sie es geschrieben?

J.-P. S.: Wie *Die Wörter*.

S. de B.: Es war also wirklich eine erste Fassung von *Die Wörter*.

J.-P. S.: Ja, aber eine Fassung, die eine Fortsetzung haben sollte.

S. de B.: Und wann haben Sie es wiederaufgenommen?

J.-P. S.: 1961 ... oder?

S. de B.: Ja, ich glaube.

J.-P. S.: Ich habe es wiederaufgenommen, weil ich kein Geld mehr hatte und Gallimard um einen Vorschuß gebeten hatte.

S. de B.: Ein Engländer wollte einen unveröffentlichten Text von Ihnen haben, und schließlich haben Sie ihn Gallimard gegeben. Sie haben ihn wiederaufgenommen und viel daran geändert.

J.-P. S.: Er sollte literarischer sein als die anderen, denn ich war der Ansicht, daß das gewissermaßen eine Art war, mich von einer bestimmten Literatur zu verabschieden, und daß man sie sowohl realisieren als auch erklären und von ihr Abschied nehmen müsse. Ich wollte literarisch sein, um zu zeigen, daß es ein Irrtum ist, literarisch zu sein.

S. de B.: Das verstehe ich nicht ganz. Welche Art Literatur meinten Sie mit *Die Wörter* zu begraben?

J.-P. S.: Die Literatur, die ich in meiner Jugend und dann in meinen Romanen, in meinen Novellen betrieben hatte. Ich wollte zeigen, daß damit Schluß war; und ich wollte es dadurch zu erkennen geben, daß ich ein sehr literarisches Buch über meine Kindheit und Jugend schrieb.

S. de B.: Was wollten Sie danach tun? Da Sie ja keine Literatur mehr schreiben wollten wie vorher?

J.-P. S.: Engagierte und politische Literatur.

S. de B.: Sie hatten doch schon vorher engagierte Literatur geschrieben.

J.-P. S.: Ja, aber keine besonders politische.

S. de B.: Das ist merkwürdig, denn was Sie dann schließlich gemacht haben, war der *Flaubert*, was keine speziell politische Literatur ist.

J.-P. S.: Ein klein wenig trotzdem.

S. de B.: Nicht viel. Gut, bleiben wir bei diesem Punkt: Was nennen Sie ein Werk, das literarischer ist als die anderen? Gibt es denn Grade in der Literatur?

J.-P. S.: Zum Beispiel kann man stärker am Stil arbeiten; *Die Wörter* sind sehr ausgefeilt, sie gehören zu den ausgefeiltesten Sätzen, die ich je geschrieben habe.

S. de B.: Ja.

J.-P. S.: Und ich brauchte Zeit. Ich wollte, daß es in jedem Satz Anspielungen gibt, ein oder zwei Anspielungen, folglich daß es die Leute auf der einen oder anderen Ebene beeindruckt. Und dann wollte ich die Dinge, die Leute jeweils auf besondere Weise darstellen. *Die Wörter* sind sehr ausgefeilt.

S. de B.: Ja, das weiß ich, und es ist sehr gut gelungen. Aber ich wollte, daß Sie präzisieren, was Sie unter «literarisch» verstehen.

J.-P. S.: Es war voller Tricks, Witze, Kunstgriffe, beinahe Wortspiele.

S. de B.: Das heißt, das Bedürfnis, den Leser durch die Wörter, durch die Wendung der Sätze zu verführen, war stärker als in irgendeinem anderen Ihrer Werke?

J.-P. S.: Ja, so ist es.

S. de B.: Das nennen Sie «literarisch». Doch nach allem, was Sie gesagt haben, läßt sich kein Werk vorstellen, in dem es kein Streben nach Verführung gibt.

J.-P. S.: Ja, dieses Streben hatte ich immer; wenn ich den Eindruck habe, es sei mir gelungen, dann ist es etwas, für das ich eine gewisse Zärtlichkeit oder eine besondere Achtung empfinde.

S. de B.: Und für *Die Wörter* empfinden Sie Achtung und Zuneigung?

J.-P. S.: Ja.

S. de B.: Und wie sehen Sie die Literatur heute?

J.-P. S.: Heute bin ich fertig. Ich stehe auf der anderen Seite der Tür.

S. de B.: Ja, aber was meinen Sie dazu?

J.-P. S.: Ich meine, daß ich getan habe, was ich getan habe, das ist alles.

S. de B.: Manchmal waren Sie sogar – es ist lange her – von der Literatur angewidert; Sie sagten: Literatur ist Scheiße. Was meinten Sie damit genau? Und von Zeit zu Zeit haben Sie mir gesagt, erst kürzlich: eigentlich ist es idiotisch zu arbeiten, um sich auszudrücken. Es klang so, als wollten Sie sagen, man solle einfach irgendwie schreiben. Außerdem sagten Sie manchmal: so hätten Sie den *Flaubert* geschrieben – was nicht ganz stimmt.

J.-P. S.: Es stimmt nicht.

S. de B.: Sie haben Entwürfe gemacht, Änderungen; und dann haben Sie glückliche Einfälle im Ausdruck, auch wenn Sie nicht danach suchen. Es gibt viele glückliche Einfälle im *Flaubert*.

J.-P. S.: Ich schreibe schneller. Aber das ist durch die Arbeit gekommen.

S. de B.: Was meinten Sie also, als Sie sagten: «Das ist Scheiße» oder «Man braucht seine Zeit nicht damit zu vergeuden, gut zu schreiben»; inwieweit meinten Sie das ernst?

J.-P. S.: Mit dem Stil ist es eine komische Sache. Man müßte diskutieren, ob ein Werk es wert ist, mit Stil geschrieben zu werden, und man müßte sich fragen, ob die einzige Art und Weise, Stil zu haben, darin besteht zu korrigieren, was man geschrieben hat, wie ich es tat, so daß das Verb mit dem Subjekt übereinstimmt und das Adjektiv an der richtigen Stelle steht etc. Ob es nicht eine erfolgreiche Art gibt, die Dinge treiben zu lassen. Zum Beispiel schreibe ich schneller, weil ich es jetzt im Griff habe: wäre es nicht möglich, von Anfang an schnell zu schreiben? Übrigens meinen viele linke Schriftsteller, daß der Stil, die Art, sich allzusehr um die Wörter zu kümmern, daß das alles widerlich ist, man müsse sofort zum Gegenstand kommen und sich um den Rest nicht kümmern.

S. de B.: Aber das Ergebnis ist sehr oft verheerend.

J.-P. S.: Ich bin nicht einverstanden mit ihnen. Ich will nicht sagen, daß es keines Stils bedürfe; ich frage mich nur, ob die gewaltige Arbeit an den Wörtern nötig ist, um einen Stil zu schaffen.

S. de B.: Hängt das nicht ein wenig von den Leuten ab, von den Epochen, vom Thema, vom Temperament, von den Chancen?

J.-P. S.: Ja, aber im Grunde glaube ich, daß

die Dinge, die am besten geschrieben sind, meist ohne langes Suchen geschrieben wurden.

S. de B.: Warum lesen Sie jetzt sehr viel weniger Literatur?

J.-P. S.: Seit meiner Jugend und ziemlich lange Zeit, etwa bis 1950, meinte ich, daß ein Buch eine Wahrheit enthielte: der Stil, die Schreibweise, die Wörter – das war eine Wahrheit, es brachte mir etwas. Ich wußte nicht was, und ich bemühte mich auch nicht, es herauszufinden, aber ich meinte, daß es mir etwas brächte. Die Bücher waren nicht nur Gegenstände, nicht nur ein Verhältnis zur Welt, sondern ein Verhältnis zur Wahrheit, ein schwer zu benennendes Verhältnis, das ich aber spürte. Und von literarischen Büchern verlangte ich eben dieses Verhältnis zur Wahrheit.

S. de B.: Die Wahrheit einer bestimmten Weltsicht, die nicht die Ihre war.

J.-P. S.: Ich hätte nicht genau sagen können, welche Wahrheit. Die Kritik half mir ein wenig dabei. Zu versuchen, den Sinn der Wahrheit des Autors herauszufinden, und was er uns bringen konnte. Das ist sehr wichtig gewesen.

S. de B.: Und warum haben Sie diese Idee verloren?

J.-P. S.: Ich habe sie verloren, weil ich meine, daß ein Buch sehr viel banaler ist. Bei großen Schriftstellern finde ich diesen Eindruck ab und zu wieder.

S. de B.: Aber in welchem Augenblick haben Sie diesen Eindruck verloren?

J.-P. S.: Etwa 1950, 1952, als ich ein bißchen in die Politik eingestiegen bin. Als ich mich mehr für die Politik interessierte, als ich Beziehungen zu den Kommunisten hatte. Und da ist es verschwunden; ich denke, es war eine Idee des vorigen Jahrhunderts.

S. de B.: Sie meinen, eine etwas magische Idee von der Literatur?

J.-P. S.: Ja, etwas magisch. Diese Wahrheit wurde mir nicht durch wissenschaftliche oder logische Methoden vermittelt, sondern durch die Schönheit des Buchs an sich, durch seinen Wert. Daran habe ich fest geglaubt. Ich glaubte, Schreiben sei eine Tätigkeit, die Reales produziert, nicht unbedingt das Buch, aber jenseits des Buches. Das Buch, das war Imaginäres, aber jenseits des Buches gab es Wahrheit.

S. de B.: Und Sie haben aufgehört, daran zu glauben, als Sie sich viel mit Geschichte befaßten und mit Literatur.

J.-P. S.: Ja, in dem Maße, wie ein Mensch nach und nach seine Erfahrungen macht, verliert er manche Ideen, die er vorher hatte. Das war bei mir um das Jahr 1952 der Fall.

S. de B.: Mir scheint, das letzte Buch, das Sie mit großem Vergnügen gelesen haben, war *Moby Dick*. Dann die Bücher von Genet, glaube ich. Nicht zufällig haben Sie über ihn geschrieben. Was er schrieb, hat Sie gefesselt. Ab 1952 hatten Sie dann keine große literarische Begeisterung mehr.

J.-P. S.: Nein.

S. de B.: Zu dieser Zeit lasen Sie zu Ihren Studien oder nur zur Unterhaltung.

J.-P. S.: Oder Geschichtsbücher.

S. de B.: Ich weiß, daß Sie die Bücher, die mir in den letzten Jahren gefielen, nicht gelesen haben. Ich erzählte Ihnen ein wenig davon, aber wir sprachen nicht zusammen darüber, auch wenn ich Ihnen sagte, daß es meines Erachtens sehr gut war, wie Albert Cohen oder John Cowper Powys. Es interessierte Sie überhaupt nicht, sie zu lesen.

J.-P. S.: Nein. Ich weiß nicht warum, aber es hat mich nicht interessiert.

S. de B.: Anders gesagt, es geht um eine Art Ernüchterung gegenüber der eigentlichen Literatur.

J.-P. S.: Wenn Sie so wollen. Ich sehe nicht

mehr recht ein, warum man Romane schreibt. Ich würde gern darüber sprechen, was ich für Literatur hielt, und über das, was ich aufgegeben habe.

S. de B.: Sprechen Sie darüber, es ist sehr interessant.

J.-P. S.: Anfangs meinte ich, die Literatur – das sei der Roman. Man sagte es.

S. de B.: Ja, eine Erzählung, und durch sie sah man gleichzeitig die Welt. Es gibt uns etwas, was kein soziologischer Essay, keine Statistik uns geben kann.

J.-P. S.: Es gibt uns das Individuelle, das Persönliche, das Einzelne. Ein Roman gibt zum Beispiel dieses Zimmer wieder, die Farbe dieser Wand, dieser Vorhänge, des Fensters, und nur er kann es wiedergeben. Und genau das habe ich an ihm geliebt, daß die Dinge benannt werden und in ihrem individuellen Charakter sehr nah sind. Ich wußte, daß die beschriebenen Orte existierten oder existiert hatten, daß es also wirklich die Wahrheit war.

S. de B.: Obwohl Sie für literarische Beschreibungen nicht viel übrig hatten. In Ihren Romanen gibt es zwar ab und zu Beschreibungen, aber sie sind immer eng mit der Handlung verbunden, mit der Art und Weise, wie die Leute sic sehen.

J.-P. S.: Und sie sind kurz.

S. de B.: Ja. Eine kleine Metapher, drei kleine Wörter, um auf etwas hinzuweisen, nicht wirklich eine Beschreibung.

J.-P. S.: Denn eine Beschreibung ist nicht Zeit.

S. de B.: Ja. Das hält auf.

J.-P. S.: Es hält auf, es gibt den Gegenstand nicht so wieder, wie er im Augenblick erscheint, sondern so, wie er seit fünfzig Jahren ist. Das ist idiotisch!

S. de B.: Aber auf den Gegenstand in der Bewegung der Erzählung hinzuweisen, das ist gut!

J.-P. S.: Das ist gut, ja.

S. de B.: Aber könnte es nicht noch einen anderen Grund geben? Liegt es nicht daran, daß Sie die großen Werke der Literatur fast alle gelesen haben und daß das, was von einem Tag auf den anderen erscheint, selten von überragender Qualität ist?

J.-P. S.: So war es vor dem Krieg.

S. de B.: Aber nein, vor dem Krieg hatten Sie weder Kafka noch Joyce, noch *Moby Dick* gelesen.

J.-P. S.: Nein, ich habe Cervantes gelesen, aber schlecht. Übrigens sage ich mir oft, daß ich den *Don Quijote* noch mal lesen sollte. Ich habe es zwei- oder dreimal versucht. Ich habe aufgehört, aber nicht, weil er mir nicht gefiel, im Gegenteil, er gefiel mir sehr; aber die Umstände haben mich davon abgehalten. Es gibt viele Dinge, die man wieder lesen oder lesen müßte. Ich könnte es mir vornehmen.

S. de B.: Vielleicht denken Sie ja, daß es Ihnen nicht viel bringt, daß es Sie nicht bereichert, daß es Ihnen keine neue Ansicht der Welt gibt. Übrigens treffen Sie sich auch hier wieder mit dem Volk, wie es Ihr Leben lang gewesen ist, und auch bei mir: im großen und ganzen lesen die Leute weniger Romane, sie mögen sie weniger, als man es früher tat. Zwar gab es den Versuch des *nouveau roman*, aber er war so langweilig, daß man jetzt lieber Biographien liest, Autobiographien, soziologische Studien, historische Studien; hier hat man viel stärker den Eindruck des Wahren, als wenn man einen Roman liest.

J.-P. S.: Genau solche Dinge lese ich.

S. de B.: Ja, das interessiert Sie im Augenblick. Aber in Ihrem Leben gibt es noch andere Dinge, für die Sie sich begeistert haben, ich meine als Kulturkonsument. Nämlich die Musik und die Malerei. Auch die Bildhauerei. Was ich feststelle und was ich ein wenig sonderbar finde, ist, daß Sie die Musik sehr geliebt haben, Sie haben Klavier gespielt, Sie stammen aus einer Musikerfamilie, und Sie hören auch heute noch sehr viel Musik: Schallplatten oder Radio; aber Sie haben sozusagen nie über Musik geschrieben, abgesehen von dem Vorwort zu einem Buch von Leibowitz[1] über die engagierte Musik.

J.-P. S.: Das stimmt.

S. de B.: Die Malerei dagegen... Anfangs liebten Sie sie nicht sonderlich, als ich Sie kennenlernte; und dann haben Sie sich nach und nach mit ihr befaßt, Sie haben die Malerei schätzengelernt und sehr gut verstanden und viel darüber geschrieben. Können Sie mir ein wenig die Rolle erklären, die sie in Ihrem Leben gespielt hat? Und weshalb dieser Gegensatz?

J.-P. S.: Ich will mit der Musik beginnen, weil ich sie sehr früh kennenlernte. Von der Malerei habe ich nur Reproduktionen gesehen, da ich nicht ins Museum ging, als ich fünf, sechs, sieben Jahre alt war, und ich sah nur Reproduktionen von Bildern, besonders in dem berühmten Dictionnaire Larousse. Wie viele Kinder hatte ich eine kunstgeschichtliche Bildung, noch bevor ich ein einziges Gemälde gesehen hatte. Mit der Musik

1 *Der Künstler und sein Gewissen*. In: *Porträts und Perspektiven*, Reinbek 1968, und in: *Die Suche nach dem Absoluten* (in Vorb.). (Anm. d. Übers.)

dagegen bin ich aufgewachsen. Denn merkwürdigerweise interessierte sich mein Großvater sehr für die Musik.

S. de B.: Ihr Großvater Schweitzer?

J.-P. S.: Ja, er interessierte sich dafür; er hatte eine Doktorarbeit über einen Sänger, einen Musiker geschrieben: Hans Sachs.

S. de B.: Und dann gab es ein Werk von Albert Schweitzer über Bach.

J.-P. S.: Mein Großvater schätzte dieses Buch sehr, er las es immer wieder. Und manchmal komponierte er auch. Ich erinnere mich, daß ich ihn komponieren sah, als ich fünfzehn war, bei seinem Bruder Louis, dem Pastor. Er hat sich ans Klavier gesetzt und komponiert. Er hat Dinge komponiert, die an Mendelssohn erinnerten.

S. de B.: Wie war er mit Albert Schweitzer verwandt?

J.-P. S.: Er war sein Onkel, der Bruder seines Vaters.

S. de B.: Und Ihr Großvater schätzte Albert Schweitzer?

J.-P. S.: Ja, aber er verstand ihn nicht recht. Er hatte nicht dieselben Probleme wie er und machte sich ein wenig über ihn lustig.

S. de B.: Aber im Grunde war Albert Schweitzer der große Musiker der Familie.

J.-P. S.: Ja. Als ich klein war, war ich einmal in einem Orgelkonzert, das er in Paris gab und zu dem meine Mutter mich und meine Großmutter mitgenommen hat.

S. de B.: War Ihre Mutter auch musikalisch?

J.-P. S.: Ja, sehr musikalisch. Sie spielte gut. Sie hatte Gesangstunden genommen, sie sang sehr gut. Sie spielte Chopin, sie spielte Schumann, sie spielte schwierige Stücke; sicher war sie in Musik weniger bewandert als mein Onkel Georges, aber sie liebte die Musik sehr, und nachmittags – ich habe es übrigens in *Die Wörter* geschildert – setzte sie sich ans Klavier und spielte für sich allein.

S. de B.: Haben Sie Klavierstunden gehabt?

J.-P. S.: Sehr früh, ich glaube mit zehn oder mit neun Jahren.

S. de B.: Bis zu welchem Alter?

J.-P. S.: Nur sehr kurz. Als ich Paris verließ und nach La Rochelle kam, habe ich es aufgegeben.

S. de B.: Wie kommt es dann, daß Sie wirklich recht gut Klavier spielten?

J.-P. S.: Ich habe es selbst gelernt. Das heißt, ab der Quarta gab es das Klavier meiner Mutter, das bei meinem Stiefvater im Salon stand; und in den Stunden, in denen ich nichts zu tun hatte, schlich ich mich in den

Salon und versuchte, Melodien zu spielen, an die ich mich erinnerte; und dann hatte ich mir in den Musikalienhandlungen von La Rochelle Operetten kaufen oder ausleihen lassen. Ich lernte zuerst langsam und mühsam. Aber ich hatte ein Gefühl für den Rhythmus der Musik. Später, als meine Mutter wieder geheiratet hatte, spielte sie sehr viel weniger, wegen meines Stiefvaters, der Musik wirklich nicht mochte. Aber sie spielte trotzdem ein wenig, wenn ich aus der Schule kam; mein Stiefvater war dann noch nicht zu Hause, und ich setzte mich neben sie, ich hörte zu und spielte selbst, wenn sie aufstand. Zuerst spielte ich mit einem Finger, dann mit fünf und dann mit zehn, und schließlich war es mir gelungen, etwas Fingerfertigkeit zu erwerben. Ich spielte nicht schnell, aber ich spielte alle Stücke.

S. de B.: Sie spielten vierhändig mit Ihrer Mutter?

J.-P. S.: Ja, Streichquartette, die Symphonie von Franck.

S. de B.: Alles in einer Klavierbearbeitung?

J.-P. S.: Ja. Ich hatte mir eine musikalische Bildung zugelegt, die sich nicht von der meiner Mutter unterschied.

S. de B.: Bis wann haben Sie Klavier gespielt?

J.-P. S.: Bis vor zwei Jahren.

S. de B.: Bei Arlette?

J.-P. S.: Ja, bei Arlette.

S. de B.: Es gab eine Zeit, wo Sie sehr viel spielten: als Sie in der Rue Bonaparte bei Ihrer Mutter wohnten. Ich sehe noch die kleine Bank mit Goldborte. Sie setzten sich darauf und spielten manchmal eine Stunde lang, bevor Sie sich an die Arbeit machten.

J.-P. S.: Das kam vor.

S. de B.: Sie spielten sehr oft von drei bis fünf etwa, und um fünf begannen Sie dann zu arbeiten. Am Anfang, als ich noch ein bißchen Klavier spielen konnte – ich habe immer sehr, sehr schlecht gespielt, aber es gab eine Zeit, wo ich es noch ein bißchen konnte –, spielten wir zusammen vierhändig.

J.-P. S.: Ja, ein wenig.

S. de B.: Aber nicht viel, weil Sie unendlich viel besser spielten als ich. Sie spielten Chopin. Und später, als Sie nicht mehr bei Ihrer Mutter lebten, hatten Sie kein Klavier mehr.

J.-P. S.: Man muß verschiedene Perioden unterscheiden. Ich spielte bei meiner Mutter, bei meinem Stiefvater, in Saint-Étienne, bis zum Alter von dreizehn, vierzehn Jahren. Als ich nach Paris kam, wo ich im Internat war, spielte ich bei meinen Großeltern. Es gab ein Klavier, das kaum noch benutzt wurde.

Meine Großmutter spielte ein wenig; manchmal setzte sie sich ans Klavier und spielte ein paar Takte. Mein Großvater spielte nicht. Und wenn ich am Wochenende aus dem Lycée kam, war das Klavier eine große Freude. Ich spielte. Ich habe es mir selber beigebracht, das heißt, ich spiele schlecht, ich mache Tempofehler, meine Hände sind nicht schnell genug für Läufe; aber ich komme zurecht mit Chopin, mit Franck, mit Bach.

S. de B.: Sie spielten überhaupt nicht schlecht, natürlich nicht wie ein Virtuose, aber nicht schlecht.

J.-P. S.: Das kam ganz allmählich, durch das Spielen. Meine Mutter hat ein bißchen mit mir geübt, auch meine Großmutter. Ich spielte bei meiner Großmutter: ich erinnere mich noch an eine vierhändige Klavierfassung der Sonate für Violine und Klavier von Beethoven. Und Schubert, ein bißchen Chopin. Ich brauchte etwas Zeit, um es spielen zu können. Aber die Musik gefiel mir wirklich.

S. de B.: Gingen Sie ins Konzert? Hatten Sie Schallplatten?

J.-P. S.: Ich hatte keine Schallplatten. Damals waren sie ziemlich schlecht, und außerdem pflegte man in meiner Familie keine Schallplatten zu hören. Aber ich ging ins Konzert, sonntags, manchmal mit meiner

Großmutter, manchmal mit meinem Großvater. Es gab die berühmten «Roten Konzerte», die in der Rue de Seine gegeben wurden, glaube ich. Ich ging mit meinem Großvater hin, es war ein Ort, wo in der Pause Kirschschnaps gereicht wurde.

S. de B.: War es klassische Musik?

J.-P. S.: Ja, klassische Musik. Die Musiker waren gut. Sie spielten gut. Damals kannte ich nur klassische Musik.

S. de B.: Auch Operettenmusik, sagten Sie.

J.-P. S.: Ja, ich meine: die modernere Musik kannte ich kaum; ich kannte sie überhaupt nicht; ein wenig Debussy.

S. de B.: Nachdem wir uns kennengelernt hatten, gingen wir sehr oft, fast jedes Jahr, in die Reihe der Streichquartette von Beethoven, die in der Salle Gaveau gegeben wurde.

J.-P. S.: Ja, wir sind mindestens zweimal dort gewesen.

S. de B.: Uns lag immer sehr daran zu erfahren, ob es nicht irgendeinen großen Musiker gab, der uns unbekannt war. Und tatsächlich gab es welche, von denen wir überhaupt nichts wußten: insbesondere die Wiener Schule.

J.-P. S.: Und Béla Bartók.

S. de B.: Sie haben Béla Bartók in Amerika entdeckt, glaube ich.

J.-P. S.: Ja.

S. de B.: Und wenig später oder zur gleichen Zeit hat uns Leibowitz etwas mit der atonalen Musik vertraut gemacht.

J.-P. S.: Ja, nach dem Krieg.

S. de B.: Nach dem Krieg entdeckten wir Bartók. Prokofieff.

J.-P. S.: Ja; Prokofieff habe ich nie sehr gemocht.

S. de B.: Ich auch nicht, aber er war einer der ersten Modernen, die wir hörten.

J.-P. S.: Vor allem entdeckten wir Bartók und dann die atonale Schule.

S. de B.: Als ich in der Rue de la Bûcherie wohnte, habe ich ein Grammophon gekauft.

J.-P. S.: Ein großes Grammophon.

S. de B.: Vian hatte mir geholfen, es auszusuchen. Darauf hörten wir noch 78er-Platten, die nur fünf Minuten dauerten. Wir hörten sehr viele Sachen. Unter anderem Monteverdi; später kamen dann die Langspielplatten, und ich habe einen anderen Plattenspieler gekauft.

J.-P. S.: Und Sie haben eine schöne Schallplattensammlung.

S. de B.: Da haben wir angefangen, ernsthaft Berg, Webern usw. zu hören. Dann noch modernere. Ich sage «wir», weil wir im allgemeinen gemeinsam hörten. Wir haben begonnen, Stockhausen zu hören und Xenakis und alle großen Modernen. Die Musik ist Ihnen sehr wichtig gewesen. Wie kommt es dann, daß es Sie im Grunde nie gereizt hat (wo Sie mir doch die atonale Musik, insbesondere die Zwölftonmusik, so gut erklärt haben), wie kommt es also, daß es Sie, der Sie die Musik liebten, verstanden, lebten, nie gereizt hat, über Musik zu schreiben?

J.-P. S.: Ich meine, daß es nicht meine Aufgabe ist, über Musik zu sprechen. Ich kann über Dinge der Literatur sprechen, auch wenn sie mir sehr fern sind, aber jedenfalls schreibe ich, das ist mein Beruf, meine Kunst, also habe ich das Recht, mir über ein literarisches Werk öffentlich Fragen zu stellen. Aber die Musik ist Sache der Musiker oder der Musikwissenschaftler, meine ich.

S. de B.: Es muß übrigens sehr schwierig sein, über Musik zu sprechen, denn fast jeder spricht sehr schlecht darüber. Im allgemeinen gibt es nichts Öderes als die Musikkritik. Leibowitz sprach nicht schlecht über Musik in *Les Temps Modernes*. Die Massins haben ein Buch über Mozart geschrieben, das sehr gut ist.

J.-P. S.: Ja, sehr gut.

S. de B.: Aber im allgemeinen bleibt es sehr vage, so als ließe die Sprache der Musik sich nicht übersetzen.

J.-P. S.: Die Musik ist eine Sprache für sich.

S. de B.: Haben Sie Grundkenntnisse in Theorie?

J.-P. S.: Ich habe es gelernt.

S. de B.: Die Noten, die Harmonielehre?

J.-P. S.: Ja, als ich acht, neun Jahre alt war, habe ich das gelernt.

S. de B.: Es war also ziemlich rudimentär.

J.-P. S.: Ja. Aber später habe ich theoretische Werke gelesen, über den Kontrapunkt.

S. de B.: Wie erklären Sie sich dann, daß Sie ausgerechnet die Atonalität, die Dodekaphonie so gut verstanden haben? War Ihr Ohr daran gewöhnt? Ich verstand nämlich überhaupt nichts.

J.-P. S.: Habe ich es denn wirklich so gut verstanden?

S. de B.: Immerhin haben Sie mir sehr viele Dinge erklärt.

J.-P. S.: Ich habe die Grundzüge verstanden, aber den Sinn, den das hatte, dazu habe ich lange gebraucht.

S. de B.: Ich komme auf meine Frage zurück: warum haben Sie den Aufsatz über die engagierte Musik geschrieben?

J.-P. S.: Ich wollte Partei ergreifen, da ich Musik hörte; ich wollte etwas über die Musik schreiben, ja. Als Leibowitz mich bat, das Vorwort zu schreiben, fand ich es ganz selbstverständlich, es zu tun.

S. de B.: Sie sagen: «Mir scheint, daß es nicht meine Aufgabe ist, über Musik zu sprechen, das ist Sache der Musiker.» Aber warum haben Sie zu einem bestimmten Zeitpunkt gedacht, es sei Ihre Sache, über Malerei zu sprechen?

J.-P. S.: Das war sehr viel später. Mit bestimmten Bildern habe ich zum erstenmal Bekanntschaft gemacht, als ich in den Louvre gegangen bin; ich war sechzehn Jahre alt, ich war in Paris, und mein Großvater hat mich in den Louvre mitgenommen, er hat mir Bilder gezeigt und sie mit nicht enden wollenden und etwas langweiligen Reden kommentiert. Aber es hat mich interessiert; in der Prima, in der Philosophieklasse bin ich dann allein hingegangen. Ich habe sogar ein kleines Mädchen mitgenommen, eine Cousine von Nizan; eine kleine Blonde, mit der ich schon über Bilder sprechen konnte. Auf eine etwas komische Art, glaube ich, aber ich konnte darüber sprechen. Ich hatte keine Familie hinter mir, die zuverlässige Wertvorstellungen in der Malerei besaß, wie sie sie in der

Musik hatte. In meiner Familie kümmerte man sich nicht um Malerei.

S. de B.: Und Ihre Schulkameraden? Vor allem Nizan, aber auch Gruber, der Bruder eines Malers?

J.-P. S.: Gruber sprach nie darüber.

S. de B.: Nizan konnte sich für Malerei nicht besonders erwärmen.

J.-P. S.: Auf alle Fälle studierte Nizan die Malerei ungefähr so wie ich. Das heißt, mit fünfzehn Jahren kannte er sie nicht; mit sechzehn ist er im Louvre gewesen, er hat Bilder gesehen und versuchte, sie zu verstehen. Aber wir gingen nicht zusammen hin oder nur sehr selten. Ich ging allein hin.

S. de B.: Jedenfalls sahen Sie nur klassische Malerei, Sie gingen nie in Ausstellungen moderner Malerei.

J.-P. S.: Nie. Ich wußte, daß es eine moderne Malerei gab, aber...

S. de B.: Bis wohin gingen Sie? Natürlich bis zum Impressionismus. Cézanne, van Gogh...

J.-P. S.: Cézanne, van Gogh. Mein Großvater hat mir wohl von Cézanne erzählt.

S. de B.: Nach und nach haben Sie sich gebildet, Sie sind gereist, Sie haben viele Dinge gesehen; in diesem Punkt haben wir unsere Erziehung weitgehend gemeinsam betrieben.

J.-P. S.: Sie waren es, die mir die moderne Malerei nahebrachten.

S. de B.: Ich kannte sie nicht sehr gut, aber durch Jacques kannte ich ein wenig Picasso, ein wenig Braque...

J.-P. S.: Und ich kannte sie überhaupt nicht, also habe ich sie durch Sie kennengelernt.

S. de B.: Italien, Spanien haben uns bei unserer Erziehung geholfen. Fernand Gerassi begann zu malen; in Madrid war er nicht ganz einverstanden mit uns; er fand, daß wir Bosch zu sehr und Goya nicht genug liebten. Im übrigen liebe ich Bosch immer noch genauso, aber Goya, den ich vorher nicht gemocht hatte, jetzt sehr viel mehr. Gerassi meinte, wir hätten bei Goya etwas nicht begriffen. Er hatte recht. Und so maßen Sie der Malerei allmählich immer größere Bedeutung bei. Wir waren in vielen Ausstellungen von Picasso, Klee etc. Doch woher nahmen Sie die Kühnheit, da Sie doch kein Maler waren, über Malerei zu sprechen und meiner Meinung nach sehr gut? Über wen haben Sie übrigens gesprochen? Rekapitulieren wir doch ein wenig. Über Wols, Giacometti.

J.-P. S.: Auch über Calder. Über Klee nicht in einem besonderen Aufsatz, sondern in den

Aufsätzen über Giacometti und Wols. Über Tintoretto.[1]

S. de B.: Ich komme auf meine Frage zurück: weshalb erschien es Ihnen völlig normal und einfach, über Malerei zu schreiben, während die Musik tabu war?

J.-P. S.: Bei der Musik dachte ich, daß man eine musikwissenschaftliche Ausbildung haben müsse, daß man den Kontrapunkt kennen, alles kennen müsse, was hinter den Werken stand, bevor man darüber reden konnte. Man konnte sie genießen, davon profitieren, wie ich es tat, aber um zu wissen, was Musik bedeutete, bedurfte es einer Bildung, die größer war als meine.

S. de B.: Und wie kam es, daß Sie Lust bekamen, über Malerei zu schreiben?

J.-P. S.: Ich hatte eine Erfahrung mit der Malerei, die nichts mit der Geschichte der Malerei zu tun hatte; ich habe ein Bild gesehen, und mir schien, es müsse erklärt werden. Es war in Colmar, als ich...

1 *Die ‹Mobiles› von Calder; Die Suche nach dem Absoluten.* In: *Situationen*, Reinbek 1965; *Der Eingeschlossene von Venedig; Die Gemälde Giacomettis; Der Maler ohne Vorrechte; Masson; Finger und Nicht-Finger.* In: *Porträts und Perspektiven*, Reinbek 1968 und in: *Die Suche nach dem Absoluten* (in Vorb.). (Anm. d. Übers.)

S. de B.: Ach ja! Eines jener Bilder, das Sie am meisten liebten, von Grünewald.

J.-P. S.: Ja.

S. de B.: Ach ja, da war noch ein anderes Bild, das Sie sehr liebten, die Pietà von Avignon.

J.-P. S.: Auch das habe ich gesehen, ohne etwas über Malerei zu wissen; es hing im Louvre in einem Saal, durch den ich zufällig ging; ich sah dieses Bild, und es gefiel mir sehr. Das war sogar noch, bevor ich Sie kannte.

S. de B.: Grünewald haben Sie mir gezeigt.

J.-P. S.: Und ich habe gesehen, was man darüber sagen konnte, als ich ein Buch von Huysmans las.

S. de B.: Huysmans sprach über Grünewald?

J.-P. S.: Ja, ausführlich, in *Gegen den Strich*.

S. de B.: Das ist interessant, weil Sie niemals eine literarische Schrift gefunden haben, die Sie anregte, über Musik zu schreiben.

J.-P. S.: Niemals.

S. de B.: Es gibt nur eine Person, die recht gut über ein bestimmtes musikalisches Werk spricht, nämlich Proust; aber das ist sehr subjektiv. Während man meiner Meinung nach sehr viel bessere Bücher über die Malerei als über die Musik geschrieben hat. Gut.

Sie haben also das Buch von Huysmans gelesen. Und Sie dachten, ein Literat könne über Malerei sprechen.

J.-P. S.: Ja, er sprach gut darüber, zumindest für die damalige Zeit. Er stellte Probleme, er beschrieb die Bilder. Noch bevor ich das Bild von Grünewald kannte, habe ich das gekannt, was Huysmans über Grünewald sagt. Ich las also über Grünewald, ohne ihn zu kennen. Es war während des Krieges, und man konnte nicht ins Elsaß fahren; erst nach dem Krieg habe ich dieses Bild gesehen. Und in der Zwischenzeit hatte ich Huysmans über Grünewald gelesen, Seiten über Seiten.

S. de B.: Und was ist der erste Artikel, der erste Essay, den Sie über die Malerei schrieben? Wir haben vorhin einige genannt, aber nicht chronologisch. Welches war der erste?

J.-P. S.: Es muß Calder gewesen sein.

S. de B.: Ja. Ihr Aufsatz über Calder stammt wohl aus dem Jahr 1946/47. Sie haben ihn für eine Calder-Ausstellung in Paris geschrieben. Calder ist zwar nicht unbedingt Malerei, gleichviel. Wer kam dann: Giacometti oder Wols?

J.-P. S.: Giacometti. Giacometti, lange vor Wols.

S. de B.: Haben Sie zuerst über seine Skulpturen oder über seine Malerei gesprochen?

J.-P. S.: Zuerst über seine Skulpturen. Giacometti ist für mich nur ein Bildhauer gewesen, erst später habe ich seine Bilder schätzengelernt.

S. de B.: Im übrigen sind seine Skulpturen sicher das Schönste, was er gemacht hat.

J.-P. S.: Sicher, aber einige seiner Bilder mag ich sehr.

S. de B.: Sie waren mit Giacometti befreundet, Sie sprachen viel mit ihm, und in der Art, wie er die Bildhauerei verstand, gab es etwas, das mit Ihren eigenen Theorien über die Wahrheit und das Imaginäre übereinstimmte.

J.-P. S.: Ja, wir verstanden uns. Und er erklärte mir die Bildhauerei dadurch, daß er mir *seine* Bildhauerei erklärte. Also habe ich über ihn geschrieben.

S. de B.: Sie wurden gewissermaßen von ihm inspiriert. Jedoch ganz persönlich. Und Tintoretto? Sie sagten, es sei zufällig gekommen. Aber immerhin, die Idee, ein großes Buch über einen Maler zu schreiben...?

J.-P. S.: Es reizte mich. Und Tintoretto erschien mir interessant, weil seine Entwicklung vor dem Hintergrund Venedigs stattfand, unabhängig von Florenz, das so wichtig war, und von Rom. Es gab eine venezianische Malerei, die mir weit besser gefiel als die florentinische. Und indem man erklärte, wer Tintoretto war, konnte man auch erklären, was die venezianische Malerei war. Und außerdem schien mir Tintoretto die Dreidimensionalität in Bildern studiert zu haben. Was für mich neu war, weil ein Bild trotz allem flach ist und die Dimensionen imaginär sind. Aber daß Tintoretto sich mit dem Raum befaßt hat, mit dem dreidimensionalen Raum, und zwar mit solcher Hartnäkkigkeit und Kraft, das hat mich zu einer Studie über Tintoretto angeregt.

S. de B.: Was Sie da sagen, bringt mich auf eine Idee. Haben Sie vielleicht deshalb lieber über Malerei als über Musik geschrieben, weil die Musik zwar der Widerschein ihrer Zeit, der Gesellschaft ihrer Zeit ist, aber auf eine so entfernte, so indirekte, so schwer zu fassende Art, daß sie von ihr fast unabhängig zu sein scheint, während die Malerei wirklich ein Bild, fast eine Emanation der Gesellschaft ist? War das nicht einer der Gründe?

J.-P. S.: Ja. Tintoretto ist Venedig, obwohl er Venedig nicht malt.

S. de B.: Vielleicht haben Sie deshalb über Malerei geschrieben.

J.-P. S.: Sicher. Die Musik ist viel schwieriger zu situieren.

S. de B.: Gut, was können Sie sonst noch über das Thema sagen?

J.-P. S.: Malerei und Musik haben immer für mich existiert, und sie existieren noch. Die Malerei ist mir jetzt verschlossen, ich kann sie nicht mehr sehen.

S. de B.: Ja, seit einem Jahr.

J.-P. S.: Und die Musik kann ich nicht mehr spielen, aus denselben Gründen. Aber ich kann sie hören. Radio, Schallplatten.

S. de B.: Wir haben über Musik, Malerei, Bildhauerei gesprochen – es gibt etwas, was zur Bildung dazugehört, nämlich Reisen. Sie sind viel gereist. Sie haben in Ihrer Jugend viel von Reisen geträumt, Sie haben viele mit mir, ohne mich gemacht. Kurze, leichte Reisen, Reisen zu Fuß, mit dem Fahrrad, im Flugzeug etc. Ich möchte, daß Sie darüber etwas sagen.

J.-P. S.: Mein Leben sollte eine Folge von Abenteuern sein, oder besser, ein Abenteuer. So sah ich es. Abenteuer ereigneten sich nahezu überall, aber selten in Paris, weil es in Paris selten ist, daß man eine Rothaut mit Federn auf dem Kopf und einem Bogen in der Hand auftauchen sieht. Die Notwendigkeit von Abenteuern zwang mich demnach, sie nach Amerika, Afrika oder Asien zu verlegen. Das waren Kontinente für Abenteuer. Der europäische Kontinent dagegen bot geringe Chancen. Da habe ich angefangen zu träumen, daß ich nach Amerika gehen, dort mit Ganoven kämpfen, mit ihnen fertig werden und einige ins Unglück stürzen würde. Und davon habe ich viel geträumt. Auch wenn ich Abenteuerromane las, mit jungen Helden im Flugzeug oder im Zeppelin, die in Länder fuhren, die ich mir kaum vorstellte, träumte ich davon, ebenfalls dorthin zu fahren. Ich träumte davon, gegen die Schwarzen ins Gefecht zu ziehen, die ihren Nächsten auffraßen, oder gegen die Gelben, die schuldig waren, weil sie gelb waren.

S. de B.: Waren Sie denn damals rassistisch?

J.-P. S.: Nicht direkt, aber sie waren gelb, und man sagte mir, daß sie die schlimmsten Massaker, die grauenhaftesten Quälereien verübt hätten. Ich sah mich also als tapferen Verteidiger einer jungen Europäerin gegen die Gelben, die gegen ihren Willen in China war. Was die Abenteuerromane mir gegeben haben, und wofür ich ihnen sehr dankbar bin, ist ein Sinn für die ganze Erde. Ich dachte sehr selten, daß ich Franzose war, ich dachte manchmal daran, aber ich dachte auch, daß ich ein Mann war, dem die ganze Erde, ich will nicht sagen, gehörte, aber Ort seines Lebens war, ein vertrauter Raum war. Und später, dachte ich, würde ich in Afrika oder in Asien sein und mir diese Orte durch Handlungen aneignen. Die Idee der ganzen Erde, die sehr wichtig ist, verband sich also ein wenig mit der Idee, daß die Literatur dazu da war, um von der Welt zu sprechen. Die Welt war größer als die Erde, aber das war ungefähr dasselbe. Und das Reisen würde mir eben diese Besitztümer verschaffen. Ich nenne das «Besitztümer», weil ich an das Kind denke, das ich war, aber heute würde ich das nicht mehr so nennen. Und ich denke übrigens, daß es nicht direkt Besitztümer waren, es war ein bestimmtes Verhältnis des Menschen zu dem Ort, an dem er gerade ist, was kein Besitzverhältnis ist (etwa um Geld einzubringen, Geld zu verdienen, einen Schatz zu finden), sondern eine bestimmte Art und Weise, Dinge aus dem Boden, aus der Natur herauszuholen, die ich nie gesehen habe und die ich als für mich daseiend und mich als durch sie verändert werdend sehen werde.

S. de B.: Kurzum, eine Bereicherung der Erfahrung.

J.-P. S.: Ja. Also das war der Beginn der

Reiseidee, und von dem Moment an bin ich ein potentieller Reisender gewesen. Als Sie mich kennengelernt haben…

S. de B.: Wollten Sie in die Unterwelt von Konstantinopel.

J.-P. S.: Ja.

S. de B.: Sind Sie denn ein bißchen gereist, bevor Sie mich kennenlernten?

J.-P. S.: Ins Ausland nie. Doch, in die Schweiz. Wir fuhren dorthin, weil meine Großeltern und meine Mutter Badeorte aufsuchen mußten, Montreux zum Beispiel.

S. de B.: Aber das war für Sie keine Reise.

J.-P. S.: Nein.

S. de B.: Das war für Sie eine Art Sommerfrische. Hing die Tatsache, daß Sie sich um eine Stelle in Japan beworben haben, damit zusammen?

J.-P. S.: Ja, natürlich! Diese Stelle in Japan war frei, sie wurde angeboten. Nicht, daß ich einfach so darum gebeten hätte, nach Japan zu gehen. Der Direktor der École Normale hatte den Auftrag, einen Schüler auszuwählen, der gern nach Japan gehen wollte und in Kyoto die Stelle als Französischlehrer an einer japanischen Schule übernehmen sollte. Ich habe mich beworben. Das erschien mir völlig normal. Als Sie mich kennengelernt haben…

S. de B.: Ja, es war die Rede davon, daß wir uns trennen, damit Sie zwei Jahre nach Japan gehen konnten. Und Sie sind sehr traurig gewesen, daß Sie nicht hingekommen sind.

J.-P. S.: Péron ist hingekommen, weil sie lieber einen Lehrer für Sprachen für den Französischunterricht haben wollten, was ich ein bißchen verstehe. Meine erste Reise war also die, die wir zusammen gemacht haben, nach Spanien. Und das war dann für mich ein großes Fest, die Reisen…

S. de B.: Das haben wir Gerassi zu verdanken. Wir hatten nämlich ganz bescheiden vor, in die Bretagne zu fahren, unter Nizans Einfluß, der uns das geraten hatte. Und Gerassi hat gesagt: «Hört mal, ihr könnt bei mir in Madrid wohnen, das ist kein Problem, kommt, das ist nicht so teuer, wir kommen schon zurecht.» Was hat es für Sie bedeutet, über eine Grenze zu fahren?

J.-P. S.: Das hat mich zu einem großen Reisenden gemacht. Sobald ich eine Grenze überschritt, konnte ich sie alle überschreiten, und folglich war ich ein großer Reisender geworden. Wie hieß das da an der Grenze?

S. de B.: Ich glaube, das war in Figueras, wo wir über die Grenze gegangen sind. Das ist nicht direkt die Grenze, aber dort sind wir aus dem Zug gestiegen.

J.-P. S.: Da haben wir die ersten Zollbeamten gesehen und waren begeistert. Wir waren überglücklich, in Figueras zu sein.

S. de B.: Ah, ich erinnere mich daran als einen wunderschönen Abend, obwohl Figueras scheußlich ist, die Umgebung überhaupt nicht schön – ich bin dieses Jahr wieder durchgefahren –, wir sind in einer kleinen *posada* abgestiegen und waren selig. Allerdings war das überhaupt nicht die Reise, von der Sie geträumt hatten. Weil es eine Reise mit mir war...

J.-P. S.: Das war doch sehr gut!

S. de B.: Aber es gab überhaupt nicht die abenteuerliche Seite, die Sie sich erhofft hatten. Das war eine ganz brave Reise, eine Reise von jungen Akademikern mit wenig Geld.

J.-P. S.: Diese abenteuerliche Seite, das war in meinen Träumen, ich habe sie zunehmend verdrängt. Schon bei der zweiten Reise war es damit vorbei. Und als ich in Marokko war, wo meine kleinen Helden so viele glanzvolle Kämpfe geliefert hatten, hatte ich die Idee, daß mir etwas geschehen würde, völlig abgelegt. Und tatsächlich ist uns nichts geschehen.

S. de B.: Ja und?

J.-P. S.: Reisen heißt Städte, Landschaften entdecken, meine ich zunächst einmal. Die

Menschen sind später gekommen. Die Menschen, die ich nicht kannte. Ich verließ Frankreich, das ich übrigens auch nicht kannte, oder sehr schlecht. Ich kannte damals nicht die Bretagne.

S. de B.: Sie kannten fast nichts von Frankreich, ich auch nicht.

J.-P. S.: Die Côte d'Azur.

S. de B.: Sie kannten das Elsaß.

J.-P. S.: Ja, ein bißchen. Ich kannte Saint-Raphaël.

S. de B.: In den ersten Jahren sind wir in Spanien, dann in Italien gewesen, dann haben wir eine Reise durch Frankreich gemacht, und danach sind wir am Ende unserer zweiten Spanienreise in Spanisch-Marokko, dann in Marokko gewesen. Das sind unsere Vorkriegsreisen. In Griechenland waren wir ebenfalls. Was brachte Ihnen das?

J.-P. S.: In erster Linie Kulturelles. Zum Beispiel, wenn ich nach Athen fuhr oder nach Rom, dann war Rom die Stadt Neros und Augustus', Athen, das war Sokrates, Alkibiades. Wir planten die Reise in Zusammenhang mit der Kultur. In Spanien, da war Gerassi, unser Freund, der uns eingeladen hatte, das war in anderer Hinsicht wichtig. Aber trotzdem war das Wesentliche, wie Sevilla war, wie Granada, wie die Alhambra, wie ein

Stierkampf war, eine Menge solche Dinge. Und ich wollte alles verstehen und wiederfinden, was man mir gesagt hatte, nicht in der Schule, sondern das, was die Autoren, die ich liebte, mir gesagt hatten. Ich mochte Barrès nicht besonders, aber immerhin hatte er von Toledo, von El Greco gesprochen. Ich mußte das sehen, was das Lesen von Barrès mir beispielsweise in bezug auf El Greco gegeben hatte.

S. de B.: Sie vermischen das ein bißchen. Die Stierkämpfe sind nicht dasselbe wie ein griechischer Tempel oder Malerei. Sie waren eine Art, in das Land einzutauchen, in die Menge des Landes, und das war auch wichtig.

J.-P. S.: Das war enorm wichtig, der Stierkampf.

S. de B.: Sie hatten die Vorstellung, man müßte in seiner Art zu reisen «modern» sein.

J.-P. S.: Ja.

S. de B.: Ich meine damit zum Beispiel, wenn Guille in Granada in der Alhambra blieb, dachten Sie – mit Recht –, daß man auch hinunter in die Stadt gehen müßte.

J.-P. S.: Und die Spanier sehen.

S. de B.: Das Leben in der Gegenwart sehen. Ich erinnere mich an Diskussionen mit Guille in Ronda. Sie ärgerten sich, weil wir nur vergangene, tote Dinge sahen, nur Adelspaläste, und weil die Stadt für Sie kein Leben in der Gegenwart hatte. In Barcelona dagegen waren Sie sehr glücklich, weil wir da in ein lebendiges Gewimmel getaucht waren.

J.-P. S.: Wir haben streikende Spanier gesehen. Ja. Ich erinnere mich an den Staatsstreich des Generals San Giorgio in Sevilla.

S. de B.: Er hat nicht lange gedauert. Er ist schon am nächsten Tag verhaftet worden.

J.-P. S.: Ja, aber wir haben den General in einem offenen Wagen gesehen. Der Bürgermeister hat ihn begleitet...

S. de B.: Das knüpfte ja ein bißchen an Ihre Träume von Abenteuern an.

J.-P. S.: Ja, es hatte etwas Abenteuerliches.

S. de B.: Dabei riskierten wir nichts.

J.-P. S.: Wir riskierten nichts, aber in dem Moment waren wir in das Ereignis verwikkelt. Auf jeden Fall haben wir Kontakt zu Leuten gehabt.

S. de B.: Wir sind mit der Menge gelaufen. Jene Dame streckte die Arme aus und sagte: «Zu dumm, zu dumm.» Bedeutete die Fremdheit etwas für Sie?

J.-P. S.: Die Stierkämpfe und ähnliches waren nicht nur kulturell. Das war etwas viel Mysteriöseres und Stärkeres als eine bloße Begegnung auf der Straße oder ein Unfall, dessen Zeuge ich auf der Straße gewesen wäre. Das faßte eine Menge Aspekte des Landes zusammen. Man mußte den Stierkampf suchen, über ihn nachdenken und versuchen, seinen Sinn herauszufinden.

S. de B.: Dann war da auch die Art von Fremdheit, die einem andere Geschmacksempfindungen geben können: von dem, was man aß, was man trank.

J.-P. S.: Natürlich. Ich erinnere mich an Italien, die italienischen Kuchen. Wir haben unheimlich viel darüber geredet.

S. de B.: Ja.

J.-P. S.: Ich habe sogar darüber geschrieben.

S. de B.: Ja. Ich erinnere mich, daß Sie beispielsweise die Paläste von Genua und den Geschmack der italienischen Kuchen, ihre Farbe miteinander verglichen. Ich erinnere mich, daß Sie in London ebenfalls versucht haben, eine Synthese von dem zu finden, was London war. Offensichtlich zu hastig... Aber Sie versuchten, das Ganze zu erfassen. Es gab große Unterschiede zwischen uns. Ich wollte immer sehen, alles sehen. Und Sie meinten, es sei auch gut, sich vollzusaugen, ohne etwas zu tun, pfeiferauchend auf einem Platz zu sitzen zum Beispiel, und daß Sie Spanien auf diese Weise genausogut erfaßten, wie wenn Sie zwei Kirchen mehr besichtigten.

J.-P. S.: Unbedingt. Ich behalte meinen Standpunkt übrigens bei.

S. de B.: Er ist jetzt mehr oder weniger der meine.

J.-P. S.: Ja, in der Tat, auf der Plaza Zocodover meine Pfeife zu rauchen war eine Tätigkeit, die mir gefiel.

S. de B.: Und zum Beispiel in Florenz, ich war wirklich verrückt damals, *ich* reiste schlecht. In Florenz, nach dem Mittagessen gegen zwei Uhr nachmittags, wollten Sie sich vor fünf Uhr nicht wegbewegen. Sie lernten Deutsch, weil Sie im Jahr darauf nach Berlin gehen wollten. Und ich ging weg, ich besichtigte von drei bis fünf noch mehr Kirchen, noch mehr Bilder, noch mehr Dinge, ich hörte nicht auf. Letzten Endes sind Sie sehr froh gewesen, Reisen zu machen, die Sie Bildungsreisen nennen. Da ist eine Dimension, von der wir nicht gesprochen haben: in all diesen Reisen war so etwas wie eine politische Dimension.

J.-P. S.: Ach, das war damals vage.

S. de B.: Sehr vage. Aber wir waren immerhin empfänglich für die Atmosphäre.

J.-P. S.: Ja.

S. de B.: Die Reise nach Spanien, das war

die Republik, der Beginn der Republik: die Reise nach Italien dagegen war der Faschismus. Deutschland, wo Sie sich aufgehalten haben, wo wir zusammen gereist sind, das war der Nazismus. Und in Griechenland war es Metaxas. Wir spürten nicht viel davon, aber es existierte doch immerhin für uns.

J.-P. S.: Ja, es existierte; an den Straßenecken traf man einen Bürger, der keineswegs auf die gleichen Ideen ausgerichtet war wie wir, und manchmal hätte die Zwietracht sogar weit gehen können. Ich habe es vor allem in Italien gespürt. Die Gegenwart des Faschismus war wirklich sehr stark. Ich erinnere mich an eine Nacht auf der Piazza Navona, wo wir träumend saßen, und zwei schwarzgekleidete Faschisten mit ihren Mützchen sind gekommen und haben uns gefragt, was wir da machten, und haben uns streng aufgefordert, ins Hotel zurückzugehen. Wir haben überall Faschisten getroffen, an den Straßenecken.

S. de B.: Und ich erinnere mich auch, daß wir in Venedig deutschen Braunhemden begegnet sind. Das ist uns sehr unangenehm gewesen. Um so unangenehmer, als Sie vorhatten, im Jahr darauf ausgerechnet nach Deutschland zu gehen.

J.-P. S.: Ja, ich sehe sie genau vor mir, diese

Braunhemden. Metaxas haben wir auch gespürt, aber weil wir nicht so genau wußten, was er wollte, da wir schlecht informiert waren, hat er uns nicht sehr gestört.

S. de B.: Ich erinnere mich jedoch, daß wir in Nauplia ein Gefängnis gesehen haben. Wir haben einen Griechen gesehen, der uns gesagt hat: «Alle griechischen Kommunisten sind da drin versammelt.» Mit großem Stolz. Und das war ein Gefängnis, es war mit Kakteen umgeben. Was sind Ihre stärksten Erinnerungen aus jener Zeit? In Italien sind wir zweimal gewesen.

J.-P. S.: Zweimal, ja. In Spanien auch.

S. de B.: Spanien ist uns lebendiger vorgekommen.

J.-P. S.: Wegen der Faschisten war Italien steif, erstarrt, Werte von früher waren verschwunden oder eine Zeitlang zum alten Eisen geworfen. Und außerdem wirkten die Italiener böse. Da sie um den Faschismus geschart waren, hatte man keine Sympathie für sie, und sie gaben einem keine Gelegenheit, welche zu bekommen. Wir hatten nicht viel Kontakt mit den Leuten in der Stadt und auf dem Land. Da war immer dieses faschistische Halseisen.

S. de B.: Woran denken Sie sonst noch bei diesen ersten Reisen?

J.-P. S.: Für mich war das eine Riesenfreude, das ist sicher. Das gab einem eine Dimension mehr. Man hatte den Eindruck, eine Dimension mehr zu haben, eine Dimension draußen, eine Dimension in der Welt. Frankreich wurde eine Hülle, die uns einengte.

S. de B.: Ja, es war nicht mehr der absolute Mittelpunkt. Ich glaube, die Reise nach Marokko hat Sie auch ziemlich beeindruckt.

J.-P. S.: Also das, das war eine völlig andere Welt, andere kulturelle Anschauungen, andere Werte. Es gab die Erben von Lyautey und außerdem den Sultan... Und wir hatten im allgemeinen als Franzosen mit den Franzosen zu tun. Wir wohnten nicht in der Araberstadt.

S. de B.: Wir waren sehr abgeschnitten. Aber in Fez zum Beispiel verließen wir die Araberstadt gerade nur, um zu schlafen.

J.-P. S.: Bin ich nicht in Fez krank gewesen?

S. de B.: Ja.

J.-P. S.: Was hatte ich denn?

S. de B.: Nun, wir sind essen gegangen, ein einheimisches Gericht, ausgezeichnet, und beim Hinausgehen haben wir gesagt: «Das ist außerordentlich, wo wir vier oder sogar sechs Gänge gegessen haben, müßte das doch schwer im Magen liegen, müßte uns das doch müde machen, und das macht uns gar nichts aus.» Wir haben sogar gestritten: «Das kommt daher, daß wir keinen Wein getrunken haben, weil wir kein Brot gegessen haben.» Darauf sind Sie ins Bett gegangen und haben eine Leberkolik bekommen, die Sie ungefähr drei Tage ans Bett gefesselt hat.

J.-P. S.: Ich erinnere mich.

S. de B.: Fallen Ihnen andere amüsante Erinnerungen ein?

J.-P. S.: Wir sind durch Griechenland gereist, mit Bost, das war eine sehr lustige Reise. Wir schliefen oft im Freien, zum Beispiel in Delos und auch auf einer Insel, wo wir griechisches Kasperletheater gesehen haben.

S. de B.: Ich glaube, Sie meinen auf Syra?

J.-P. S.: Auf Syra. Und dann auf dem griechischen Festland. Wir schliefen gern draußen.

S. de B.: Oh, jede zweite Nacht, glaube ich.

J.-P. S.: Jede zweite Nacht, ja.

S. de B.: Ohne Zelt, ohne alles. Und vor allem in dieser sehr hübschen Stadt, deren Namen ich vergessen habe, eine sehr hübsche Stadt in der Nähe von Sparta, in der es byzantinische Kirchen mit Fresken gibt. Wir haben in einer Kirche geschlafen. Als wir morgens aufgewacht sind, waren um uns herum eine Menge Bauern. Aber ich rede, dabei sollten Sie reden.

J.-P. S.: Aber nein, wir reden gemeinsam, das ist eine Zeit, die wir gemeinsam erlebt haben. Das waren Reisen ohne Anekdoten, alles in allem. Wir machten das, was zu machen war, in aller Ruhe. Wir sahen die Leute von außen. Das waren Reisen, die von Paris aus bürgerlich wirkten, die es aber weniger waren, wenn man im Lande war. Zum Beispiel schliefen wir draußen.

S. de B.: Ja, weil wir kein Geld hatten.

J.-P. S.: Das spürten die Leute, und damit waren wir gleich volkstümlicher.

S. de B.: Nur waren wir durch die Unkenntnis der Sprache sehr abgeschnitten. Lediglich in Spanien hatten wir einen Einheimischen, der uns herumführte, der uns Geschichten erzählt hat, der uns Cafés zeigte, der uns Valle-Inclán zeigte. Unsere erste Spanienreise ist so gewesen.

J.-P. S.: Das haben wir Gerassi zu verdanken. In Italien ging es so einigermaßen, ich hatte angefangen, Italienisch zu lernen.

S. de B.: Ja, wir kamen zurecht. Aber wir hatten keine wirklichen Gespräche. Wir trafen weder Intellektuelle noch Politiker. Von den Faschisten waren wir natürlich abgeschnitten. Und später in Amerika? Das war etwas anderes.

J.-P. S.: Ja, wenn Sie so wollen, gibt es eine dritte Kategorie von Reisen. Die erste, die ich nie gemacht habe, ist eine Abenteuerreise. Die Reisen, die uns auf Grund unserer Situation vorbehalten waren, waren die Bildungsreisen, und wir haben viele gemacht. Und dann, durch die historischen Ereignisse, die ab 1945 stattfanden, haben wir angefangen, Reisen zu machen – nie eigentlich politische Reisen, aber Reisen, die teilweise politisch waren, das heißt, die auf irgendeinem Gebiet versuchten, das Land politisch zu verstehen.

S. de B.: Reisen, auf denen wir nicht mehr bloß isolierte Touristen waren, sondern auf denen wir Kontakt zu den Einheimischen hatten. Das war etwas sehr Wichtiges. Sprechen wir über die Reise nach Amerika.

J.-P. S.: Amerika – wir hatten oft daran gedacht, weil... zuerst, als ich klein war, wiesen mich Figuren wie Nick Carter und Buffalo Bill auf ein bestimmtes Amerika hin, das wir anschließend durch die Filme besser kennengelernt haben. Wir haben die Romane der großen modernen Periode gelesen, das heißt sowohl Dos Passos wie Hemingway.

S. de B.: Da war auch der Jazz. Ach, wir haben ihn nicht erwähnt, als wir über Ihre

Liebe zur Musik gesprochen haben. Der Jazz hat Ihnen viel bedeutet.

J.-P. S.: Viel.

S. de B.: Das war die erste Gruppenreise, die Sie gemacht haben, nicht mit einer Touristengruppe, wie man sie in Bussen sieht, sondern mit einer Gruppe von Journalisten. Und außerdem war es die erste Reise, die Sie mit einem eindeutigen Auftrag machten, nämlich Artikel zu schreiben. Die Artikel sollten für den *Figaro* sein, Sie unternahmen die Reise als Reporter gewissermaßen.[1]

J.-P. S.: Ja, ich reiste mit gestandenen Journalisten, die es gewohnt waren, Reportagen zu machen. André Viollis war dabei.

S. de B.: Und war es nicht auch das erste Mal, daß Sie im Flugzeug flogen?

J.-P. S.: Doch, es war das erste Mal. Ich bin mit einem Militärflugzeug geflogen, das von einem Militär gesteuert wurde.

S. de B.: Und wie war das für Sie? Haben Sie Angst gehabt oder gar nicht?

J.-P. S.: Beim Start und bei der Landung gar nicht.

1 *Individualismus und Konformismus in den Vereinigten Staaten; Amerikanische Städte; New York, eine Kolonialstadt.* In: *Situationen*, Reinbek 1956, und in: *Reisen* (in Vorb.). (Anm. d. Übers.)

S. de B.: Und als Sie in der Luft waren?

J.-P. S.: In der Luft war ich ziemlich unruhig, aber nicht sehr. Das hat mir nicht viel ausgemacht. Genauso wie das Flugzeug, das die Amerikaner uns zur Verfügung gestellt haben und das uns in ganz Amerika herumgeflogen hat, das hat mir auch nichts ausgemacht.

S. de B.: Welche anderen Dimensionen hat es denn Ihrer Reise gegeben, so zu reisen?

J.-P. S.: Das war eine vollkommen andere Reise für mich. Eine Reise machte man mit der Eisenbahn; man fuhr von einem Land ins andere. Das machte einen riesigen Unterschied, dieser Glaskäfig, in dem ich Ozeane überflogen habe; das unterschied sich völlig von einem gewöhnlichen Grenzübergang. Und die Grimmigkeit der Zollbeamten an der amerikanischen Grenze hatte nichts mit der Nachlässigkeit an den meisten europäischen Grenzen gemein.

S. de B.: Waren die Zollbeamten...

J.-P. S.: Sie waren ziemlich grimmig. Ich meine vor allem die Polizei.

S. de B.: Hat denn die Tatsache, daß Sie eine Gruppe von Gästen waren, die Sache nicht erleichtert?

J.-P. S.: Nein. Sie haben unsere Koffer durchsucht und alle üblichen Fragen gestellt.

S. de B.: Was war an dieser Reise anders?

J.-P. S.: Sie war organisiert. Nicht nur insofern organisiert, als wir eine kleine Organisation mit sieben Mitgliedern waren, sondern auch, weil sie dem Kriegsministerium unterstellt war.

S. de B.: Es ging darum, Ihnen die Kriegsanstrengungen Amerikas zu zeigen.

J.-P. S.: Die Kriegsanstrengungen Amerikas waren mir völlig egal. Was ich sehen wollte, war Amerika.

S. de B.: Natürlich.

J.-P. S.: Und ich bin ihnen ziemlich dankbar gewesen, weil sie uns ganz Amerika gezeigt haben, und die Kriegsanstrengungen kamen in zweiter Linie.

S. de B.: Was hat man ihnen von den Kriegsanstrengungen gezeigt?

J.-P. S.: Zum Beispiel eine Waffenfabrik.

S. de B.: Das war also im Prinzip eine Reise, auf der Sie ein Land beim Leben, ein Land in Bewegung sahen.

J.-P. S.: Im Prinzip, denn als ich Roosevelts Staudämme gesehen habe, war es nicht besonders wichtig, sie unter dem Kriegsstandpunkt zu sehen.

S. de B.: Ja, aber das war eine ökonomische Erfahrung. Es ging nicht mehr um Gemälde, Denkmäler, Landschaften wie früher.

J.-P. S.: Und dann in New York hat man uns in einen Vorführraum gebracht und hat uns mehrere Tage lang die großen amerikanischen Filme gezeigt, die seit dem Krieg gedreht worden waren und die wir nicht gesehen hatten. Das war eher kulturell.

S. de B.: Das muß ja aufregend gewesen sein.

J.-P. S.: Es war aufregend.

S. de B.: Wo wohnten Sie in New York?

J.-P. S.: Im Plaza.

S. de B.: Wurden Sie sehr gut behandelt?

J.-P. S.: Wir sind abends in New York angekommen, um zehn Uhr abends, wir wurden zu dem Zeitpunkt nicht erwartet. Wir waren durch den Zoll gegangen, und niemand war da, um den Leuten zu sagen, daß sie uns besser nicht zu sehr belästigten. Man hat uns unser Gepäck wiedergegeben und uns in einem großen Wartesaal in eine Ecke gesetzt. Das war damals nicht Idlewild.

S. de B.: Ja, ich weiß, das war... La Guardia.

J.-P. S.: Da saßen wir, zu siebt, um zehn Uhr nachts, neben unserem Gepäck, übrigens nicht sehr viel, jeder hatte nur einen Koffer, und warteten. Schließlich hat der Verantwortliche der Gruppe, der es sowenig wie möglich zu sein versuchte, gesagt: «Ich gehe telefonieren.» Er hatte eine Telefonnummer, die man ihm in Paris gegeben hatte. Er hat telefoniert, er wurde sehr belustigt, sehr überrascht begrüßt, da das Flugzeug in Anbetracht des langen Fluges, den wir gemacht hatten, an dem Abend nicht erwartet wurde.

S. de B.: Ja, das war ziemlich willkürlich.

J.-P. S.: Das war willkürlich. Na ja, wir sind an dem Abend angekommen, wir hätten genausogut an einem anderen Tag ankommen können. Deswegen erwartete uns niemand. Sie haben sofort Autos zum Flughafen geschickt, und dann wurden wir nach New York gefahren. Das war nicht nur mein erster Kontakt mit Amerika, sondern mit New York. Unser Auto hat uns nach New York gebracht. Nach dem Verlassen des Flughafens unterwegs in unser Hotel sind wir durch große, sehr belebte Straßen gefahren. Um halb elf Uhr nachts waren eine Menge Leute unterwegs. Das strahlte, und es war voll von Geschäften, die Strom hatten. Der Strom wurde abends zwar ein bißchen schwächer, aber er blieb an. Ich erinnere mich an meine Verblüffung im Auto, in dem wir saßen, als ich geöffnete, erleuchtete Geschäfte sah, in denen gearbeitet wurde, um elf Uhr nachts, Friseurgeschäfte. Das wirkte absolut natürlich, und ich habe während der Fahrt sieben oder acht gesehen. Man konnte sich um elf Uhr nachts frisieren, rasieren, die Haare waschen lassen. Und diese Stadt erschien mir überraschend, weil ich vor allem Schatten sah. Ich sah Geschäfte unten, und dann, darüber, sah ich Schatten, große Schatten, das waren die Wolkenkratzer, die ich am nächsten Tag sehen sollte. Wir sind an einem Sonnabend angekommen.

S. de B.: Ist Ihnen das Hotel nicht wahnsinnig luxuriös vorgekommen?

J.-P. S.: Das Hotel... Das erste, was wir gesehen haben, war eine Flügeltür, aus der massenhaft Damen herauskamen, mit weißen Haaren, Dekolletés, Abendkleidern, Herren im Smoking. Es hatte wohl irgendein Fest stattgefunden.

S. de B.: Es ist die ganze Zeit so. Das sind keine Feste...

J.-P. S.: Die Leute kommen aus diesem oder jenem Grund zusammen und sind in Abendkleidung. Es war genauso, als wäre wieder Frieden. Sie waren sich nicht bewußt, daß Krieg war.

S. de B.: Da wir im allgemeinen in bescheidene Hotels gingen, ist Ihnen das Plaza deswegen nicht erstaunlich prunkvoll erschienen?

J.-P. S.: Nein. Aber am nächsten Morgen gab es ein herrliches Frühstück. Ich erinnerte mich an unser Frühstück in London, bescheiden natürlich, aber immerhin sehr gut.

S. de B.: Ja, aber war es im Kontrast zu Frankreich, wo noch große Not herrschte, nicht erstaunlich?

J.-P. S.: Ich erklärte das einfach damit, daß Amerika weit weg war vom Krieg und nicht besetzt gewesen war.

S. de B.: Das stimmt. Es war großenteils deswegen. Während Frankreich in einem furchtbaren Zustand der Armut war. Als ich zur gleichen Zeit in Spanien und Portugal gewesen bin, hatte ich einen bestürzenden Eindruck von Reichtum. Wie mußte das erst in New York sein!

J.-P. S.: Ja. Aber mich hat das nicht besonders beeindruckt.

S. de B.: Sie haben mir eine Geschichte mit Ihrer Kleidung erzählt.

J.-P. S.: Ja, gleich am nächsten Tag haben die Leute des Amtes, das uns eingeladen hatte, uns zum Einkaufen in die Geschäfte geschickt, vor allem Jacketts und Hosen. Ich habe eine gestreifte Hose genommen.

S. de B.: Sie haben mir auch ein Kostüm gekauft.

J.-P. S.: Ja. Und innerhalb von drei Tagen

hatten wir einen Anzug, in dem wir losgefahren sind. Ich hatte eine pelzgefütterte Lederjacke.

S. de B.: Häßlich, ja. In der Cartier Bresson Sie fotografiert hat. Wie haben Sie dann am nächsten Tag Verbindung zu New York aufgenommen?

J.-P. S.: Man hat uns zuerst allein in die 5. Avenue gehen lassen. Ich erinnere mich, es war Sonntag. Ich bin mit den Kameraden aus meiner Gruppe dort herumspaziert.

S. de B.: Sie blieben doch nicht immer alle sieben zusammen?

J.-P. S.: Nein, aber am ersten Tag sind die Männer zusammen auf der 5. Avenue spazierengegangen. Morgens haben wir Leute in eine Kirche gehen sehen, diese Straße hat uns sehr bewegt. Sie gefiel mir in der Folge jedoch weniger als andere: die 6., die 7.; und dann die Bowery, die 3. Avenue. Ich habe mich allmählich in diesen Straßen zurechtgefunden, das ist ja so einfach! Ich war selig. Wir wohnten zwischen der 60. und der 50. Straße, das heißt zum Zentrum hin.

S. de B.: Im Plaza waren Sie in der Nähe des Central Park. Und wo haben Sie gegessen?

J.-P. S.: Wir wurden oft zum Mittag- oder zum Abendessen eingeladen.

S. de B.: Ich denke, der große Unterschied zu unseren anderen Reisen war, daß Sie mit Leuten zusammenkamen.

J.-P. S.: Ja. Nicht gerade mit Einheimischen: mit Leuten, die alle in diesem Kriegsbüro waren, um sich im Rundfunk für ihre Sache einzusetzen, zum Beispiel. Für Frankreich, für England.

S. de B.: Waren Franzosen dabei?

J.-P. S.: Es waren Franzosen dabei, ja, und Engländer.

S. de B.: Aber Sie müssen doch auch Amerikaner getroffen haben?

J.-P. S.: Ja, natürlich.

S. de B.: Dabei haben Sie die Gruppe kennengelernt, die sich über den Rundfunk für die Kriegsanstrengungen einsetzte.

J.-P. S.: Auf diese Weise habe ich eine Menge Leute kennengelernt. Die Amerikaner habe ich eher an Ort und Stelle getroffen, das heißt, dort, wo man mich mit hinnahm, waren Amerikaner, die mit mir sprachen. Ich sehe mich noch in einer Fabrik, die in einem Dorf aus Fertighäusern inmitten von Schutt und Dreck entstanden war. Das war ganz merkwürdig, diese zu einem Dorf vereinten Fertighäuser, mitten in diesem Schutt und diesem aufgewühlten Boden.

S. de B.: Was haben Sie im großen ganzen

gesehen? Wie lange sind Sie dageblieben? Drei Monate, vier Monate?

J.-P. S.: Drei oder vier Monate, ja.

S. de B.: Sind Sie vor allem viel in New York geblieben?

J.-P. S.: Nein. Auf der eigentlichen Reise sind wir bei der Ankunft acht Tage in New York gewesen und dann fünf, sechs Tage vor der Abreise. Ich bin vierzehn Tage in New York geblieben. Ich bin übrigens von Washington aus zurückgeflogen. Wir sind alle an verschiedenen Daten zurückgeflogen, weil wir mehr oder weniger Taschengeld hatten. Ich bin nach dem Ende der eigentlichen Reise mindestens noch eineinhalb Monate geblieben.

S. de B.: In New York?

J.-P. S.: In New York, ja.

S. de B.: Sind Sie in Hollywood gewesen?[1]

J.-P. S.: Ja, gleich am Anfang. Wir sind in Washington gewesen, an den TVA[2]-Staudämmen, dann in New Orleans. In Miami nicht. Miami habe ich viel später kennengelernt. Von New Orleans aus sind wir durch Amerika gereist, immer im Flugzeug, wir ha-

1 *Hollywood 1945*. In: *Mythos und Realität des Theaters*, Reinbek 1979. (Anm. d. Übers.)

2 Tennessee Valley Authority. (Anm. d. Übers.)

ben den Grand Canyon besucht und sind wieder zurückgeflogen.

S. de B.: Haben Sie auch Chicago gesehen?

J.-P. S.: Ja, natürlich. Wir sind in Hollywood gewesen, von Hollywood sind wir wieder nach Chicago zurückgeflogen. Von Chicago sind wir, glaube ich, nach Detroit gefahren.

S. de B.: Ja, man hat Ihnen bestimmt als Beispiel für die Kriegsanstrengungen scheußliche Städte gezeigt.

J.-P. S.: Ja, ich habe Detroit gesehen, und dann sind wir von Detroit nach New York zurückgefahren.

S. de B.: Und dort haben Sie viele Franzosen getroffen. Sie haben Breton getroffen.

J.-P. S.: Ja, ich habe dort natürlich Franzosen kennengelernt. Und einmal habe ich wohl Lazareff gesehen, auf jeden Fall einmal seine Frau.

S. de B.: Es gab viele Franzosen, die nach Amerika gegangen waren, entweder weil sie Juden waren oder weil sie unter der Besatzung nicht bleiben wollten. André Breton war gegangen.

J.-P. S.: Er war gegangen, ja. Ich habe also André Breton getroffen. Ich habe auch Léger getroffen. Ich habe ihn besucht. Er war sehr nett. Ich habe ihn mehrmals gesehen, und er hat mich nicht ohne Geschenke weggehen lassen, das heißt ohne Bilder von ihm ausgesucht zu haben, die ich lange behalten habe. Ich habe sie in Amerika ausgesucht, und er hat sie später mitgebracht.

S. de B.: Léger, Breton. Rirette Nizan war auch da.

J.-P. S.: Und Lévi-Strauss. Ja, ich habe Rirette Nizan wiedergesehen. Wen noch? Um Breton herum waren Leute, da war Jacqueline Breton und ihr künftiger Mann, David Hare. Sie wollte sich scheiden lassen.

S. de B.: Er war Amerikaner.

J.-P. S.: Er war ein junger amerikanischer Bildhauer, der keine große Karriere gemacht zu haben scheint.

S. de B.: Duchamp war auch da.

J.-P. S.: Ja, aber Duchamp gehörte nicht zu den Flüchtlingen.

S. de B.: Er lebte schon lange dort.

J.-P. S.: Ich habe mit ihm gegessen.

S. de B.: Von den eigentlichen Amerikanern, wen haben Sie da kennengelernt?

J.-P. S.: Die Frau von Saint-Exupéry. Und dann habe ich Calder gut kennengelernt.

S. de B.: Haben Sie keine Schriftsteller getroffen?

J.- P. S.: Schriftsteller habe ich in Paris getroffen. Dos Passos habe ich in Paris getroffen.

S. de B.: Richard Wright, haben Sie ihn dort kennengelernt?

J.-P. S.: Ja, ihn und seine Frau. Und außerdem amerikanische Kritiker. Wir haben Hemingway nicht erwähnt. Hemingway kannte ich auch aus Frankreich.

S. de B.: Ach ja! Wir hatten ihn bei der Befreiung gesehen. War es nicht allzu hinderlich, daß Sie kein Englisch konnten?

J.-P. S.: Nein, weil ich nur mit Amerikanern zusammenkam, die Französisch sprachen. Die anderen ließen mich unbeachtet, wie jemanden, der die Sprache nicht spricht, das war normal. Ich war drüben unter den ausländischen Flüchtlingen in Amerika ein bißchen bekannt, weil ich in Arons Zeitschrift einen Artikel über das Frankreich unter der Besatzung geschrieben hatte.

S. de B.: Wir wollten über den Mond sprechen.

J.-P. S.: Ja, weil der Mond jeden von der Geburt bis zum Tod begleitet. Und er hat seit fünfzig, sechzig Jahren recht gut die Evolution der Umwelt und folglich unsere innere und äußere Revolution deutlich gemacht. Als ich ihn kennengelernt habe, das heißt sehr früh, erschien er wie eine Nachtsonne. Er war ein Kreis im Raum, sehr fern, wie die Sonne, eine schwache, aber existierende Lichtquelle. Darin sah man entweder einen Mann mit einer Kiepe auf dem Rücken oder die Züge eines Gesichtes, was man eben wollte. Er war vertrauter, und man sagte uns, er sei näher als die Sonne, mehr mit der Erde verbunden, und man betrachtete ihn wie ein Eigentum. Das war im Himmel ein gewissermaßen mit uns verbundenes Objekt.

S. de B.: Was er tatsächlich ist, da er ein Satellit ist.

J.-P. S.: Genau, aber man wußte zunächst aus Erfahrung, daß er immer da war, daß es einen Vollmond gab, und das stellte so etwas wie ein irdisches Zeichen im Himmel dar. So habe ich ihn am Anfang kennengelernt. Ich sah ihn nachts, und er war etwas Wichtiges für mich, ich konnte nicht genau sagen, was. Es war das Licht der Nacht, das, was nachts beruhigend erschien. Als ich klein war, hatte ich nachts ein bißchen Angst, und der Mond beruhigte mich. Wenn ich hinausging in den Garten und der Mond über meinem Kopf war, war ich glücklich. Es konnte nicht viel passieren. Wie die Kinder stellte ich mir oft vor, daß er sprach, daß er mir Dinge erzählte, ich stellte mir auch vor, daß er mich sah. Er stellte wirklich etwas für mich dar, im Himmel, und ich erinnere mich auch, daß ich ihn zeichnete und daß ich Dinge in ihn hineinmachte, die ich zu sehen behauptete, die weder das Männchen mit dem Reisigbündel noch der Kopf waren: Gesichter oder Landschaften im Innern des Mondes, die ich erfand, die ich übrigens nicht sah, die ich zu sehen behauptete.

S. de B.: Und als Sie älter waren, hat er da eine Rolle für Sie behalten?

J.-P. S.: Sehr lange, ja. Die Sonne liebte ich nicht unbedingt, nicht immer, sie blendete mich. Der Himmel war ein von der Sonne und dem Mond bewohnter Raum.

S. de B.: Sprechen Sie in Ihren Büchern vom Mond? Im Prolog von *Nekrassov* sprechen Sie auf jeden Fall von ihm; ein Mann und eine Frau stehen am Quai, er sagt: «Sieh mal, sieh der Mond», und die Frau sagt: «Das ist nicht hübsch, der Mond, man sieht ihn jeden Tag», und er antwortet: «Das ist hübsch, weil es rund ist.» Ich erinnere mich übrigens nicht, ob in Ihren Romanen Mondschein vorkommt.

J.-P. S.: Mir scheint, in *Die Wand* ist ein wenig vom Mond die Rede. Ich dachte an den Mond als an etwas Persönliches. Im

Grunde repräsentierte der Mond für mich alles, was geheim ist, im Gegensatz zu dem, was öffentlich und gegeben war, nämlich der Sonne. Ich hatte die Vorstellung, daß er eine nächtliche Kopie der Sonne war.

S. de B.: Warum haben Sie besonders darüber sprechen wollen?

J.-P. S.: Weil ich mir gesagt habe, daß ich eines Tages über den Mond schreiben würde. Später habe ich dann erfahren, was der Mond im großen ganzen ist, daß er einen Satelliten darstellt, das hat man mir beigebracht, und ich habe es persönlich genommen, es war kein Satellit der Erde, es war mein Satellit. Ich empfand ihn so. Mir schien, daß ich Gedanken hatte, die daher kamen, daß ich vom Mond angesehen wurde. Ich liebte ihn sehr, er war poetisch, er war reine Poesie. Er war zwar völlig von mir getrennt, er war da draußen, und gleichzeitig gab es zwischen uns eine Verbindung, ein gleiches Schicksal. Er war da wie ein Auge und wie ein Ohr, er hielt mir Reden: ich hatte Reden über den Mond geschrieben.

S. de B.: Warum sprechen Sie in der Vergangenheit?

J.-P. S.: Weil er mir weniger gibt, seit man hinfährt. Der Mond ist das gewesen, bis zu dem Moment, als man anfing hinzufahren.

Das hat mich stark interessiert, daß man beschloß hinzufahren und daß man hinfuhr. Ich habe mich über diese Reisen auf dem laufenden gehalten. Ich erinnere mich sogar, daß ich in Neapel ein Fernsehgerät gemietet habe, um die Fahrt von Armstrong zu sehen.

S. de B.: Um die ersten Menschen auf dem Mond zu sehen.

J.-P. S.: Um zu sehen, wie sie herumgingen, was sie dort machten, wie der Mond war, wie man die Erde vom Mond aus sah, das alles fand ich spannend. Aber gleichzeitig verwandelte das den Mond in einen wissenschaftlichen Gegenstand, und er verlor den mythischen Charakter, den er bis dahin gehabt hatte.

S. de B.: Hatten Sie sich vorgestellt, daß man zum Mond fahren würde?

J.-P. S.: Nein. Ich hatte die Romane von Jules Verne über den Mond gelesen, und dann hatte ich *Die ersten Menschen auf dem Mond* von Wells gelesen. Das alles kannte ich gut, aber das erschien mir legendär, unmöglich. Wells' Arten, dorthin zu gelangen, waren nicht wirklich wissenschaftlich.

S. de B.: Die von Jules Verne waren ein bißchen mehr... Es gab auch *Mondstaaten und Sonnenreiche* von Cyrano de Bergerac.

J.-P. S.: Ja, aber das...

S. de B.: Das war nicht sehr interessant. Aber jedenfalls hat man oft den Traum gehabt, zum Mond zu fahren.

J.-P. S.: Ich habe ihn nicht gehabt.

SIMONE DE BEAUVOIR
Eine Auswahl

Alle Menschen sind sterblich
Roman. rororo 1302

Alles in allem
Memoiren IV.
Deutsch von Eva Rechel-Mertens
480 Seiten. Gebunden und rororo 1976

Eine gebrochene Frau
rororo 1489

In den besten Jahren
rororo 1112

Kriegstagebuch
September 1939 – Januar 1941
Hg. von Sylvie Le Bon de Beauvoir
Deutsch von Judith Klein
480 Seiten. Gebunden

Der Lauf der Dinge
rororo 1250

Die Mandarins von Paris
Roman. rororo 761

Memoiren einer Tochter aus gutem Hause
rororo 1066

Sie kam und blieb
Roman. rororo 1310

Zeremonie des Abschieds und
Gespräche mit Jean-Paul Sartre
August – September 1974. rororo 5747

50 JAHRE ROWOHLT ROTATIONS ROMANE

50 Taschenbücher im Jubiläumsformat
Einmalige Ausgabe

Paul Auster, *Szenen aus «Smoke»*
Simone de Beauvoir, *Aus Gesprächen mit Jean-Paul Sartre*
Wolfgang Borchert, *Liebe blaue graue Nacht*
Richard Brautigan, *Wir lernen uns kennen*
Harold Brodkey, *Der verschwenderische Träumer*
Albert Camus, *Licht und Schatten*
Truman Capote, *Landkarten in Prosa*
John Cheever, *O Jugend, o Schönheit*
Michael Crichton, *Die Lehren des Kaktus*
Roald Dahl, *Der Weltmeister*
Karlheinz Deschner, *Bissige Aphorismen*
Colin Dexter, *Phantasie und Wirklichkeit*
Joan Didion, *Wo die Küsse niemals enden*
Hans Fallada, *Reisevorbereitungen*
Hannah Green, *Kinder der Freude*
Václav Havel, *Von welcher Zukunft ich träume*
Stephen Hawking, *Ist alles vorherbestimmt?*
Elke Heidenreich, *Dein Max*
Ernest Hemingway, *Indianerlager*
James Herriot, *Sieben Katzengeschichten*
Rolf Hochhuth, *Resignation oder Die Geschichte einer Ehe*
Klugmann/Mathews, *Kleinkrieg*
D. H. Lawrence, *Die blauen Mokassins*
Klaus Mann, *Der Vater lacht*
Armistead Maupin, *So fing alles an ...*
Henry Miller, *Der Engel ist mein Wasserzeichen*

50 JAHRE ROWOHLT ROTATIONS ROMANE

Nancy Mitford, *Böse Gedanken einer englischen Lady*
Toni Morrison, *Vom Schatten schwärmen*
Milena Moser, *Mörderische Erzählungen*
Herta Müller, *Drückender Tango*
Robert Musil, *Die Amsel*
Vladimir Nabokov, *Eine russische Schönheit*
Dorothy Parker, *Dämmerung vor dem Feuerwerk*
Rosamunde Pilcher, *Liebe im Spiel*
Gero von Randow, *Der hundertste Affe*
Ruth Rendell, *Wölfchen*
Philip Roth, *Grün hinter den Ohren*
Peter Rühmkorf, *Gedichte*
Oliver Sacks, *Der letzte Hippie*
Jean-Paul Sartre, *Intimität*
Dorothy L. Sayers, *Eine trinkfeste Frage des guten Geschmacks*
Isaac B. Singer, *Die kleinen Schuhmacher*
Maj Sjöwall/Per Wahlöö, *Lang, lang ist's her*
Tilman Spengler, *Chinesische Reisebilder*
James Thurber, *Über das Familienleben der Hunde*
Kurt Tucholsky, *So verschieden ist es im menschlichen Leben*
John Updike, *Dein Liebhaber hat eben angerufen*
Alice Walker, *Blicke vom Tigerrücken*
Janwillem van de Wetering, *Leider war es Mord*
P. G. Wodehouse, *Geschichten von Jeeves und Wooster*

Programmänderungen vorbehalten